ネットに詳しいだけで
ネットマーケ担当者に
なってしまった人が
本気でマーケターを
目指す本 Aim at the Marketer Seriously

マーケティング・トルネード
佐藤昌弘

フォレスト出版

ネットマーケティングを知らずには
生き残れない時代がきた

この本は、最新のネットマーケティング入門書です。

- 「君、若いからさ、よくスマホ見ているから詳しいでしょ？」っていうだけで、勤務先の会社でネットマーケティング担当になっちゃった！
- いよいよネットマーケティングを本格的にやらなきゃと思って始めたけど、何から手をつけたらいいか混乱中……。
- インスタグラムや Twitter でマーケティング活動をしているつもりだけど、本当にこれでいいのか？ 疑問がいっぱい。

という方に向けています。

業種・業態は問いません。ただ、マーケティング資金が潤沢にある大企業というよりは、ネットマーケティングにかけられるお金も人材も限られている中小企業や個人の方を意識した内容です。

いまやネットマーケティングは、あらゆるビジネスに必須のものです。知っているのと知らないのとでは、天と地ほどの差になります。知らずにサバイバルしていくのは、これからますます厳しくなるでしょう。

私は経営コンサルタントとして、個人事業主から上場企業ま

で、これまで5000件以上の相談に乗ってきました。もちろんいま現役で、日々クライアントとともにマーケティングの実践をしています。私自身は、「ビジネス・ジャングル」を果敢に進もうとする経営者の**「サバイバルガイド」**というイメージでいます。

　私は「企業経営者のサバイバルガイド」として、常に変化していくネットマーケティングの世界をウォッチし、実践のサポートをし、たくさんの成功事例やノウハウを集めています。

　それを体系づけながら、本書に公開することにしました。

アフターコロナの ネットマーケティングって？

　「なぜいま、ネットマーケティングについて語るのか」にも理由があります。それは、新型コロナウイルスの影響で、**ネットマーケティングの世界が大きく動いた**、というのが1つの理由です。

　どういうことか説明しましょう。

　ネットマーケティングには、さまざまなツールが欠かせません。基本的なものを挙げると、LINE、Facebook、YouTube、Twitter、Google Mapsなどネット上のツールを上手に使いつつ、お客さんとなる人に認知してもらったりコミュニケーションをとったりします。

　これらのツール、あるいはプラットフォームを提供している企業をプラットフォーマーと呼んでいます。

　このプラットフォーマーたちの力関係が変われば、ネットマーケティングのやり方も変わるのです。

　たとえば、映像系のプラットフォームといえば、昔はテレビでした。映像に広告を出したかったら、テレビコマーシャルのノウハウがあればよかったのです。

　でも、いまは強力なメディアとして YouTube がありますね。YouTube に出す広告のノウハウは、テレビとは全然違います。新たなノウハウが必要になるわけです。

　で、このプラットフォーマーたちの勢力図のようなものが、コロナをきっかけにして大きく変化のスピードを増しました。今後5年かけて動いていくように思っていたものが、ここにきて一気に進んだ、という感じです。

　言い換えれば、**5年間で起きるはずの変化が、1年に短縮され、急激な変化になった感じ**とも言えます。

　コロナ自粛で家にいる時間が増え、YouTube を見るようになった、note を書くようになった、インスタグラムを頻繁にチェックするようになったという人は多いでしょう。

　積極的にインターネット広告を出すようになった企業も増えました。それまでミニコミ誌に広告を出していたのを、ネット広告に切り替えたというところも多いはずです。

　資生堂は 2020 年8月に行った業績発表のなかで、「2023 年までに広告媒体費の 90% をデジタルにシフトする」と発表しました。資生堂をはじめとする化粧品会社は、テレビコマーシャルをガンガンやって大規模なマーケティング活動をしていますが、90% をデジタルにシフトするとなると、それこそ激変です。

　このような状況にあって、ネットマーケティングについて「よくわからない」では済まされなくなっています。

　前から言われていたとは思いますが、いよいよ本当に、そう

なのです。

　端的にいうと、これまでクーポン雑誌に広告を載せていればなんとかなっていた居酒屋も、グーグルマップに力を入れなければまずいです。来てくれたお客さんに「気に入っていただけましたか？　グーグルマップの口コミ評価楽しみにしていますねー‼」と声をかけたほうがいい。

　でも、こんなことを教えてくれる本は、あまりありません。

　そこで、フォレスト出版の note で「ネットマーケティングを使いこなす戦略＆テクニック」という連載をしました。有料版含め、全20回の記事に加筆修正を入れて完成したのがこの本です。

　マーケティングツールの使い方、テクニックの話もありますが、本質的な部分にもページを多く割いています。**細かいテクニックを知っていても、本質からズレているとうまくいかない**からです。

　また、ツールやテクニックは時代が変わればまた変わっていくものです。ネットマーケティングの本質を押さえていれば、ツールが変わっても対応できます。

　そういう意味では、入門書といえども深い内容になっていると思います。ある程度ネットマーケティングを進めている方も、つまずいたり迷ったら本書に立ち返ってもらえればヒントが見つかることでしょう。

　それではさっそく、ネットマーケティングについて学んでいきましょう。

　　　　　2021年7月　マーケティング・トルネード　佐藤昌弘

ネットに詳しいだけで
ネットマーケ担当者になってしまった人が
本気でマーケターを目指す本

第2章

マーケティングの基本。
真のターゲットを見つけろ！

第3章

売れるホームページのつくり方&
マーケティング

第4章
売れるランディングページのつくり方＆マーケティング

第5章
文脈から広告を出す
効果的なマーケティング法

第6章
あなたの広告はどの媒体に出せばいいのか。各ツールを徹底検証

ネットマーケティングを避けて
ビジネスができない時代

まずは押さえておきたい
4つのビジネス

20年前ならネットマーケティングをせずともやってこられた会社も、いまやネットを避けては通れなくなってきています。

世の中のビジネスは大きく4種類に分けることができます。

1. 悩みを解消するビジネス
2. 欲求を満たすビジネス
3. 予防をするビジネス
4. SOSに応えるビジネス

4つのなかでは「悩みを解消するビジネス」がもっとも多く、7割くらいを占めるでしょうか。私のような経営コンサルタントという職種もこれですし、学習塾、整体院、美容院、ビジネス書・実用書の出版などなど、多くは何かしらの悩みを解消するという価値を提供しています。

「欲求を満たすビジネス」は、旅行業や高級車、ワイン、ゲームの販売などが該当します。

「予防をするビジネス」は、健康診断、セキュリティ設備、生命保険などです。

「SOSに応えるビジネス」は、「悩みを解消するビジネス」に含まれるものでもありますが、意思決定のプロセスがあまりにも短いため別枠にして考えます。大けが、水漏れなどいますぐなんとかする必要がある、緊急性が高い問題を解決する職種です。

　いずれのビジネスでも、消費者が悩みや欲求に気づくことがスタートです。「温泉にでも行きたいもんだなぁ」「子どもを塾に行かせたほうがいいのかしら」……。

　気づくきっかけはいろいろ。外的な刺激がある場合、そうでない場合があります。

　この「悩みを解決したい」「この欲求を満たしたい」と気づいたら、次にどうするか。

　情報収集を始めます。「すぐに行けそうな温泉地はどこだろう」「周りの子はどこの塾に行っているんだろう」。小さな子どもが熱を出して心配なときなども「熱を下げるにはどうしたらいいんだろう、病院に行ったほうがいいのだろうか」と、まずは情報を得ようとするでしょう。

　この「**情報収集**」の窓口がいまはインターネットがメインになりつつあるのです。

　昔は電話帳や雑誌、タウン誌で調べていたものも、「とりあえずネット検索」に変わってきているのです（いまも情報収集をインターネットに頼らない高齢の方や富裕層の方はいます）。

　この本をお読みのあなたも、情報収集にインターネットを使うことはきっと多いに違いありません。

　少し話はそれますが、「カーナビ」が普及したことによって、人々のカーナビへの依存度がものすごく高くなっており、紙のロードマップは売れなくなりました。外国人が日本に来たときに使う英語表記のロードマップは一定数売れているでしょうが、日本語の地図が売れなくなるのは当然の成り行きです。

カーナビに、もしリアルタイムに広告が出たらどうなるか。

道路を走りながら「300メートル先にリンゴ狩りができる場所があるよ」「名物○○料理が食べられるお店、すぐに入れます」なんていう広告がポップアップ表示されたら、その広告はめちゃくちゃ機能するでしょうね。カーナビの広告ポテンシャルは何十億円、何百億円レベルだと思います。

しかし残念ながら、カーナビは法規制によって広告を表示することができません。結局、すべてスマホです。ドライブしながら情報収集したかったら、スマホで検索する人が多いはずです。

ちなみに「ヤフーナビゲーション」というアプリは、スマホに入れればカーナビと同じ機能を果たしてくれます。しかも、こちらは車に搭載を想定したものではないため、規制もなく広告が表示されます。

このような時代にあって、「ネットなんかなくてもいい」と抵抗し続けられる人は少数派でしょう。**多くの人の情報収集窓口であるインターネットを、マーケティングに組み込まざるをえない**といえます。

ネットマーケティングが
うまくいかない
これだけの理由

ほとんどの会社は、ネットマーケティングを まともにやっていない

あなたの会社は、ネットマーケティングをどのくらいやっていますか？

あれもやらなきゃ、これもやらなきゃと焦っているとしたら、いったん落ち着いてください。

ネットマーケティングは、やるべきことがわかれば、それほど難しいわけではありません。

初めて挑戦するときは、「何からやればいい？　何と何をやればいい？　それってお金かからない？」と混乱してしまいます。

ここで、私が行った美容院の話をしましょう。

その美容院はホームページを持っていません。グーグルマップには一応載っているけれど、まったく管理されていません。だから、なんと場所が間違っていて、移転前の住所がグーグルマップで表示されちゃっています。

Facebook も LINE も、普通にユーザーとして使っているだけで、ビジネスには使っていません。

もっといえば、インスタグラムは、存在は知っているけど見たことがない。YouTube はたまに何かのきっかけでクリックして再生されるとビックリする、というレベル。

これはインターネットヘビーユーザー界隈(かいわい)の人から「情弱(情報弱者)」と言われてしまうやつです。

　さすがにヤバいでしょ、って？

　いやいや、私は「意外と、このレベルが普通なのでは？」と思うのです。

　グーグルマップにお店を表示させるには、「グーグルマイビジネス」から登録する必要があります。お店の外観写真、メニュー写真、内装写真を登録したり、住所や電話番号などの情報に変更があれば、「グーグルマイビジネス」にログインして修正をしたりします（ほとんど無料でできます）。

◉ グーグルマイビジネス

　https://www.google.com/intl/ja_jp/business/

　こんなの知っている人からすれば簡単かもしれませんが、これを使いこなしている美容院が全国20万軒のうちいくつあるかと言ったら、4割？　いや多めに見積もっても3割ぐらいではないでしょうか。

　そう考えると、「情弱」と言われそうなその美容院は、弱者ではありません。7割が使いこなせていないのですから、むしろそれが普通です。メジャーです。

　それで、その美容院が、ある1つの施策を知ったらどうなるか。

　実は一気に強者になれたりするのです。

　その施策とはこうです（次ページ参照）。

「グーグルマイビジネス」からお店を登録

1. 「グーグルマイビジネス」に店を登録する。「あなたはオーナーですか?」と聞かれたら「はい」と答えて、旗を自分の管理下に置く。

2. Twitter、Facebook のファンページ、note、YouTube のチャンネル、ホームページを開設する。投稿はゼロでかまわない。ホームページもトップページだけでいい。

3. いま開設した Twitter、Facebook のファンページ、note、YouTube のチャンネル、ホームページそれぞれのプロフィール欄にグーグルマップ上の店のリンクを貼る。

4. 知人にグーグルマップのお店の「地図へのリンク」を知らせて、クリックしてもらう。Twitter のダイレクトメッセージ、Facebook のメッセージ、LINE、ショートメール、メール、それらを使ってお店の「地図へのリンク」を直接送信。それをクリックして地図を画面に表示してもらう。

これだけです。

グーグルマップで、「地図へのリンク」を取得する方法は、次の通りです。

1. パソコンで Google マップを開く
2. 自分のお店をクリックする
3. 左上のメニューアイコン（3本横線のやつ）をクリックする
4. 【地図を共有または埋め込む】を選択する。この選択肢が表示されない場合、【この地図へのリンク】をクリックする
5. （省略可）ウェブページの短いリンクを作成するには、【短縮 URL】にあるチェックボックスをオンにする
6. リンクをコピーして、マップを共有する場所に貼りつける

   〈参照：グーグルマップヘルプ〉
   https://support.google.com/maps/answer/144361?co=GENIE.
   Platform%3DDesktop&hl=ja）

これだけでも、グーグルマップのなかで目立ち始めます。

というのも、美容院の場合「お気に入りの美容院はここです」なんてリンクを貼って紹介するような人はめったにいません。被リンク数の多い美容院なんて、まずない。そのなかで、5つも被リンクのある美容院があれば上位表示されやすくなるのです。

美容院は、だいたい4月にブランドスイッチが起こります。

転勤などで引っ越しがあり、4月に多くの人が、行きつけの美容院を新たに開拓するのです。

　あなたはどうやって探すでしょうか？

　パソコンやスマホで、インターネットの検索窓に「地域名 美容院」と入れて検索するのではないでしょうか。すると、Googleは検索結果の上部に、グーグルマップを表示させます。

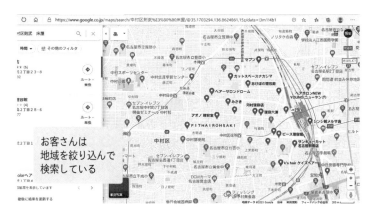

お客さんは
地域を絞り込んで
検索している

　地域名の部分は、通常できるだけ狭くして入力しますよね。

　たとえば「名古屋市 美容院」なんて検索したら広すぎて、自分のいる場所から行きやすいところを探しにくい。だから「中村区則武 美容院」と入力します。もし、それで何も出てこなければ、存在していないのと同じなのです。実際には美容院は存在するのに、グーグルマップに登録されていないわけです。

　もし表示されて、しっかり安心できそうな店内写真、スタッフの仕事をしている様子写真、メニューの写真などが掲載されていたら、そこに行きますよ。

　これだけのことで、一気に強者になれてしまうのです。

　マーケティングなんていっても、本当に頭を絞って本格的な
フルマーケティングをするようなビジネスは、実はそうそうあ
りません。

　世の中の会社の大半は、「まともにできていないことを、ま
ともにやる」だけでいいのです。

　問題は、何から着手したらいいのか？　何がどうできていな
いのか？　まともにやるとはどういうことか？　がわかってい
ないことです。

ネットマーケティングは無限ではない

　いまのところ、基本的なネットマーケティングはさほど大量
にあるわけではありません。

　いまどんな手法、ツール、プラットフォームがあるのか、挙
げてみましょう。

- PPC 広告（Pay Par Click）
- SEO（Google や Yahoo! で検索されたときに、上位に
  表示されるために工夫すること）
- グーグルマップ（地図上で何かを探すためのサービス）
- ポータルサイト（スーモ、カーセンサー、いいお墓.com
  など業種別にある）
- ブログ（オリジナルドメインのブログ／アメブロなどブ
  ログサービス活用など）

■ メルマガ（自社配信／まぐまぐなど配信スタンド利用）
■ Twitter
■ Facebook
■ インスタグラム
■ LINE
■ note
■ YouTube

ひとまず基本としてなら、メインはこれくらい。

ほかにも挙げようとすれば、キュレーションサイトやアフィリエイトサイト、各種のまとめサイトや、コンテンツサイト構築、プレスリリース、Voicy や Clubhouse など音声プラットフォームなどなど、たくさんあります。

しかし、基本的なことをやるのが先決です。

いまは「こういうのもあるんだ」というくらいでいいでしょう。

ネットマーケティングの基本を全部網羅しようとしたって、このくらいのものなのです。基本をやるだけでも、十分に結果を出すことはできます。だから、まずは**「無限じゃないんだ」**と思って安心してください。

「いやいや、十分多いんですけど！」
「こんなにたくさんできないよ！」
という人も、安心してください。
全部やる必要はありません。

大事なのでもう1回言います。

全部やらなくても、まったくかまいません。

くれぐれも注意してください。全部やったら本業できなくなりますよね？

もちろん、どれか1つだけやればいいという甘い時代ではなくなっています（昔はFacebookだけやればいい、インスタグラムだけやればいいというときもありました）が、全部やろうとして中途半端になり、忙しいだけで効果がないなんてことになったら本末転倒です。これらのなかから自社に最適な組み合わせを見つけて、運用していくのがもっともいい、ということになります。

では、何が最適なのか？　というと、それを判断するためには「**ターゲティング**」「**商材**」「**持ち味**」などをはっきりさせる必要があります。

ここは避けて通れません。

その結果、たとえばYouTubeをメインにすればよさそうだということがわかったら、YouTubeの具体的なノウハウを学べばいいのです。

「みんなやっているからYouTube」ではないし、「YouTubeの時代だから、乗り遅れないためにYouTube」というわけではありません。

インスタグラムが最適のビジネスもありますし、ブログが最適というビジネスもあります。

ちなみに、私の会社、マーケティング・トルネードが力を入

れたいと思っているのは次の5つくらいです。

- Twitter
- YouTube
- SEO ブログ
- メルマガ
- note

　しかし、実際に着手することができているのは、SEO ブログ
と、メルマガ、そして、Facebook くらいです。あらゆるプラット
フォームについてのノウハウは、ある程度は知っていますが、
だからといって、全部いっぺんにやるわけじゃないのです。
　これがわかっていれば、ネットマーケティングはさほど難し
いわけじゃないと思うでしょ。
　経営者や上司は「Facebook は？　LINE は？　インスタは？」
なんていろいろと言ってきますが、「やっていません」と言うの
ではなく、「**これは必要で、これは必要ない**」ということが言え
れば、振り回されずにすみます。

ネットマーケティングで失敗する 6つの理由

　避けては通れないネットマーケティングですが、トライした
会社がみんなうまくいっているかといえばそんなことはありま
せん。
　あっちでもこっちでも失敗しています。

あなたの会社はどうですか？

失敗1　業者にぼったくられる

インターネットの世界ほど、相場感がわかりにくいものはないです。

たとえば、ランディングページ（1枚もののホームページ）1つとっても、ちゃんとしたページをつくろうと思ったら30万〜40万円くらいかかるのが普通ですが、「ランサーズ」などのクラウドソーシングサイトでフリーの制作者にお願いすると5万〜7万円でやってくれる人がいたりします。

5万円なら5万円なりのクオリティであることがほとんどであるものの、たまに40万円のクオリティをはるかに超えてくるケースがあるのです。

こんなことはリアルの世界ではありえません。高いお金を払えばいいページができるかというと、そんなこともなかったりします。そもそも原価が不明瞭であり、「ぼったくり」と言いたくなる例もあふれています。

少し前に相談を受けたケースを紹介しましょう。

その会社は、大阪の最高の立地にお店を構えています。

人通りは多く、ビジネスパーソンも、観光客も、通勤客も、見込み客がウヨウヨいる状態です。

その立地の良さに自信があるからなのか、ネットマーケティングが全然ダメでした。

もちろんグーグルマップの攻略もできていませんでした。

そんなことでは、いくら人通りが多くたって素通りする人も

多いし、機会損失が大きすぎます。

　ホームページも全然イケていません。「ホームページを見た人からの注文がほしい」と言うので、つくり直したほうがいいとアドバイスをしたら、「それっていくらかかるんですか？　あっ、でも５年は無理なんです」と言います。

「どういうこと？」と聞いたら、なんと、ホームページを５年リースで1000万円で発注していたのです。

　どう考えても、割高すぎます。

　これをスーパーぼったくられ状態と言わずに、なんと言うべきか……。

　リース契約だから途中解約もできません。

　私は「ショックだろうけど、次に発注するときは、よく考えて発注してくださいね」としか言えませんでした。もしかしたら、インターネットについて詳しくないので、カモにされたのかもしれません。

　でも、この会社が特殊なわけではありません。ここまで高額なのは見ませんが、こんな例はたくさんあるのです。

　たとえて言うなら、田舎から東京に出てきた人のいい若者が、

「その服だと田舎者だと思われちゃうよ。こっちの服を買っておいたほうがいいよ」

「いまどき最新のスマホがなきゃ友達とコミュニケーションできないでしょ。これを買いな」

「女の子をデートに誘うなら、このくらいの高級店じゃないと」

　などとあらゆる業界から声をかけられて、「そうか、みんなそうやっているのか」と言いなりになっているうちに、すっか

りお金が底をつきている……という状態。

　いま、ネットマーケティング界隈には、これに近いことが散見されます。

「いまどきレスポンシブサイトくらい当然ですよ」

「Facebook ページはつくっておかないとダメですよ」

「いまは VSEO（YouTube 動画のための SEO）ですよ」

　そんなふうに言われて「そうか、どんどん新しいツールを使わないと置いていかれるよな」などと思う。

　でも、ネットマーケティングは有料・無料を問わず、大局が見えていないと、どんな取り組みをしても、きちんと機能することなく、ただ「コスト」と「管理すべきもの」が積み上がっていくだけになっています。

　それですっかりイヤになってしまった経営者たちは、「ネットはもういい。よくわからないから、やらない。最低限のホームページを持つだけでいい」とあきらめてしまいます。

「金ばかり取られて、何も効果がない。やめたやめた」

　もうどうでもいい、全部やめてやれ！ 状態です。

　気持ちはわかりますが、それもちょっと違うと思うのです。というか、もったいないですよね。ちゃんとやれば望みの効果が出るのに、拒絶してしまっているのですから。

　ここで、インターネット系の広告費についてちょっと考えてみましょう。

インターネット広告費は毎年伸び続けており、2019年にはテレビCMの広告費を抜きました（2019年度のテレビメディア広告費は1兆8612億円、インターネット広告費は2兆1048億円）。

　それだけ、インターネット広告に参入している企業が増えているし、「はじめに」でお話しした資生堂のように、マスメディア広告からインターネット広告へシフトチェンジしている企業も多くなっているのです。大手企業はインターネット広告にも大金を投入します。

　テレビをはじめとしたマスメディアへの広告出稿は高いけれど、インターネット広告はそこまでお金がかからないというイメージはありませんか？

　たしかに、それはその通りです。

　インターネットの広告のほうが、安いコストから始めることができます。

　ただし、やみくもにやればインターネット広告費だって大金になります。

　「よくわからないからお任せで」と適当な業者に丸投げしたらぼったくられます。

　効果のある広告と、たいして効果のない広告を、ごちゃまぜに運用していれば、結局大きな広告宣伝費にはなりますが、トータルすると大して儲かってないという状況にすぐになってしまうのです。

　まぁ、ガッツリとお金をかけられるなら、反応をとることはできます。

　大手企業がネットマーケティングで成果を上げているのは、

資金力があるからです。

でも、知恵を使って精密にやれば、お金をかけずともちゃんと成果を出せるのです。

失敗2　距離感を見誤る

インターネットは、物理的な距離をなくしてしまうものです。

これまで地域のミニコミ誌に広告を出していたお店が、インターネット上に情報を載せると、それはいきなり全国に向けた情報になります。つまり、全国を意識しなければならない難しさがあるのです。

たとえば、埼玉県のリフォーム屋さんの折り込みチラシがすごくいいからと、愛知県のリフォーム屋さんがマネしてチラシをつくっても、問題にはなりません（当人同士が了解していればですが）。

でも、**他社の評判のいいホームページそっくりのページをインターネット上に載せたら問題になります**。既存客からの密告、クレームもあるでしょうし、Googleからペナルティをくらう怖れもあります。

単純なパクりはすぐにバレて評判を落とすことになります。

失敗3　ホームページをちゃんと読んでくれると思ってしまう

インターネットを介して出会うお客さんは、短気です。

インターネット上の情報は、紙と比べて、見てもらえる時間が短いと考えたほうがいいでしょう。

私は相当な数にのぼる会社ホームページのアクセス解析を見ていますが、初めてページを訪れた人が5分も滞在しているな

んていうことはまずありません。**ほとんどは２分未満**です。

　しかも、平均２ページいきません。大半の人は、最初に訪れたページを見るのみです。たとえるなら玄関を開けて紙１枚渡し、１分しゃべったらドアを閉められる、という感じ。

　発信する側は、ユーザーが最初からじっくり読んでくれるように勘違いしがちですが、まぁ読んでもらえません。重要なことを端的に言って、惹きつけていかないとすぐに去られてしまいます。

　今回のコロナで外出自粛のなか、ネットスーパーはだいぶ注目されました。実はネットスーパーの最先端をいっているのは、三重県の「**スーパーサンシ**」です。

　🌐 https://sanshi.jp/

　ローカルスーパーでありながら、大手スーパーをしのぐ成功モデルになっています。残念ながらイオングループもイトーヨーカドーも、たいしてうまくいっていません。

スーパーサンシのネットスーパーはとにかくわかりやすい。使いやすい。これはものすごく大事なことです。インターネットでは、「なんだこれ、よくわかんない」と思われたらもうダメです。

アプリにしても、「使い方」の説明文なんてみんな読みません。直感的に使えなければ「もういいや」と思われてしまう。

ちゃんと読んでもらえる前提でネットマーケティングを行うと失敗します。この失敗は、大手も中小企業も関係ありません。むしろ大手企業のほうが失敗していることが多いのではと思うくらいです。

ネットマーケティングでは、中小企業にとって大手企業はまったく怖い相手ではありません。

失敗4 ツールをバラバラに考えている

ホームページ、Twitter、ブログなどネットマーケティングのツールをそれぞれバラバラに考えてしまっているというのもよくある失敗の1つです。

それぞれがマーケティング戦略のなかのどういう位置づけにあるのかが重要なのに、それを忘れているか、そもそもあまりちゃんと考えていないのです。「木を見て森を見ず」の状態。

私のところに来る相談がそれを物語っています。

「ブログってどう書けばいいのか、教えてほしいんですけど」
「そのブログはどういう位置づけですか？ 既存客とコミュニケーションをとって、ファン化していくためのブログ？ それと

も、新規のお客さんを開拓したいですか？」
「うーん、たしかにコミュニケーションも必要ですね。でも、新規のお客さんも欲しいです」
「そうすると２本立てで書くことになりますね」
「えー、２つもやるのはちょっと……」

　目的が違えば、使い方も変わります。ネットマーケティングの全体像があって、そのなかでそのツールはどういう目的を担っているのか。これをはっきりさせておかないと、労力をかけてもよい結果にはなりません。
　私たちがやろうとしているのは、あくまでも「マーケティング」です。"ネット"マーケティングとなると、ツールばかりに目が行きがちですが、マーケティングであることを忘れないでください。
「Twitter はどうやればいいのか」「インスタグラムはどうすればいいのか」ではないのです。

　でも、ネットマーケティング担当者が、私にこうやって相談をしてくるのもよくわかります。多くの場合、経営者が「**Twitterやったほうがいいみたいだから、頑張ってフォロワー増やすように**」「**公式インスタグラムやることにしたから、よろしく**」という感じで、戦略も何もないままに担当者に言っているのです。
　急に担当者になった人は、マーケティングの全体像もわからないまま、とりあえず行き当たりばったり的に頑張るという……。ツールには詳しくなるでしょうが、マーケティングとし

ては×（バツ）です。

　上司から無茶ぶりされた場合も「**それはどういう目的ですか？**」「**力を入れるべきはインスタグラムではなくPPC広告ではないでしょうか**」などと言えたら大したものです。ネットマーケティングの全体像を理解して、提案もできるようになってほしいと思います。

失敗5　どこまで自分でやってどこまで任せるかを見誤る

　ネットマーケティングは、時間と労力をかけ、工夫をすればタダでできます。私も、１カ月ほかの仕事を何もしなくていいと言われたら、１カ月でホームページをつくることができるでしょう。

　レンタルサーバーを借りて、独自ドメインをとって、フリー素材を集めてきて、ワードプレスを使って構築……。

　勉強して自分の時間を使って頑張れば、ほとんどお金がかかりません。

　YouTube動画を配信するのも、Twitterの運用も、全部お金をかけずに頑張ることも可能です。

　いっぽうで、ホームページもSNS運用も、インターネット広告も何もかも専門家がいます。自分では勉強しない、時間をかけない、労力をかけないとすれば、全部プロに任せることができます。

　このラインを見誤ってしまう人はとても多いです。

　たとえば、何でも自社でやろうとしてパフォーマンスを下げている会社。ホームページの更新、ブログ、SNSの運用など全部を社員にやらせていれば、ネットマーケティングにコストが

かかっていないように見えます。でも、それだけの時間と労力がとられているわけです。

　ブログの記事を外注するのはどうでしょうか。良質なコンテンツをブログに載せ、検索結果に表示されやすくするというのはネットマーケティングの戦略の1つで、SEOブログともいわれます。

　この記事の目次は自社でつくります。**「こういう内容で、こういう順番で伝えたい」という部分は自社で考えておく**のです。そして、その目次を提示して、フリーランスのライターさんに外注します。

　目次のうち、書けそうなところだけ書いてもらい、それを下原稿として仕上げは自社でやります。クラウドソーシングサイトを通じて依頼すれば、1万字の記事を2万円くらいで書いてもらえます。目次と仕上げという重要な部分に注力すれば、スピーディーに記事を増やすことができますし、たいしてお金もかかりません。こういうのはケチるところじゃないのです。

　全部自社でやっている会社の経営者と話をすると、こういったコストの情報を知らなすぎて「えっ、そんな金額でやってもらえるんですか？」と驚いたりします。相場が見えにくい世界ではありますが、積極的に情報収集はしたほうがいい。どのくらいが相場なのか？　外注している人が近くにいれば聞いてみたり、数社に見積もりをとったりすればいいのです。

　全部他人に任せようとすればぼったくられるし、何でもかんでも自社でやろうとすると、エネルギーをとられすぎて思うような成果が上がりません。

失敗6　とにかくアクセスを集めようとしてしまう

　ネットマーケティングをするうえで、「アクセスを大量に集めることが大事」と考えてしまうのも多い失敗です。次の2種類を混同してはいけません。

- ■ トラフィック換金型ビジネス
- ■ 見込み客を集める一般のビジネス

　ネットで活躍している方々、目立っている方々は「トラフィック換金型ビジネス」であることが多いようです。乱暴に言ってしまうと、アクセスを大量に集めることで広告収入を得るビジネスモデル。**エンタメ系のユーチューバーが典型例**です。

　面白い動画を流してアクセス数を増やし、その動画内に広告を入れてその広告収入を得ています。

　ゲーム攻略法のジャンルで稼ぎ続けている人たちもいます。

　顔や名前を出さなくても、ゲームの実況をしながら攻略法を解説します。ゲームは次々に新作が出るのでネタはつきません。ゲーム会社も広告を出してくれるので、収入になります（とはいえ、ライバルは多く、昔と比べればアクセスを集めるのは大変です）。

　トラフィック換金型で大きくなった企業に、韓国のインターネットサービス会社ネイバーがありました。

　インターネット上にある情報をピックアップし、並べて提供するというページのつくり方です（「ネイバーまとめ」は、非常

に有名なサイトでしたが、突然の終了宣言がされてサービスは終了してしまっています)。

　よく考えてみれば、まとめサイトは、情報を生み出しているわけではありません。

　ただ、インターネットの海から情報をピックアップして並べ変えることで新たな価値を生み出すということをしていました。そして、それによってアクセスが集まっていました。

　このような、「トラフィック換金型」のビジネスはあこがれる人が多いです。でも、副業レベルまでなら可能でも、事業化するには **「特殊で難易度も高いビジネス」** と考えたほうがいいのです。

失敗7　コンテンツの出し方を間違える

　中小企業でネットを活用する場合、多いのは「見込み客を集める一般のビジネス」です。

　ここでお伝えしたいのは、ネット上で見込み客を集めるために必要なのは **「情報」** か **「表現」** ということです。

「表現」とは、小説やエッセイ、イラスト、音楽など、「情報的な価値」よりも「表現的な価値」が大きいものを指しています。

「忘年会、アルミ鍋で酔った社長の頭を叩いてみた」といったYouTube動画は、「情報の価値」というよりは、「情緒的な演出という表現」です。

　エッセイっぽく、ペットとのまったりした日常を書いたnote記事も表現です。

　映えるスポットに行って写真を撮ってインスタグラムに載せるのも表現的な価値が大きいと言えます。

　ネット上では、こういった「表現」は目立ちます。

　でも、私が「見込み客を集める一般のビジネス」におすすめしたいのは、**「情報的な価値」を提供する**ことです。

　たとえば、私がYouTubeで「こんにちは〜。マーケティング・コンサルタントの佐藤昌弘です！ ビジネスは人を巻き込め！ トルネードだ！ ぐるぐるー！ はい。今日も動画を始めたいと思います。さて、今日は、書店で私の本を買ってくれた人に突然声をかけてみた！……」なんてエンタメ系の表現をやってもビジネス的には何か違うと思うのです。

　とくに、私のようなオッサンがやると、イタい事故になる可能性が高すぎます。

　そんな動画を見ているほうもつらくなるというもの。せっかくの役立つ情報も頭に入ってきません。

「いやいや、でも面白くてバズったら、それはそれで数多くの人に知ってもらえるわけだし、いいんじゃないですか？」

　そんな声もあります。

　たしかに、「それは間違いです」とは言い切れません。

　ビジネスでは人間関係も大切で、雑談や他愛もないコミュニケーションこそが人柄を伝えます。それに「バズった表現」には情報の価値がないのかと言えばそういうわけでもないでしょう。

　そういう意味では、「情報的な価値」がありつつ、「表現としても面白い」のが理想とも言えます。

ただし、表現として面白くアクセス数はすごいのに、売り上げがまったく上がらないのであれば本末転倒。商売人にとって、欲しいのは**アクセスではなく売り上げ**です。

　YouTubeのチャンネル登録者数が100人しかいなくても、年間1億円の売り上げが上がればいいのです。

　たとえば、行政書士さんが「日本における在留期間の更新許可のやり方」というタイトルを、インドネシア語にしてYouTubeにしたらどうでしょうか？　たぶん再生回数はそれほど多くないでしょう。でもそれは、ビジネスに直結するに違いありません。

　チャンネル登録者数が1万人くらいいないと、なんて思う必要はないのです。

　ここを勘違いしてしまうと、ネットマーケティングで間違った方向へ進んでしまいます。

　一番ヤバいのは、情報を出さずに、表現系でいこうとして、それも失敗しているというパターンです。

「かっこいいYouTube動画をつくりましょう！」と営業されて、よくわからないイメージ動画を1本30万円も支払ってつくってしまい、「**見ているのは社員だけ。総再生回数20回**」という失敗談があります。それでは、表現系のコンテンツとしても失敗です。そんなケースは山ほどあるのです。

　アクセス数を追う話でいえば、実は私も、実験の意味でYahoo!のトップページに広告を出したことがあります。小さな広告枠

ですが、さすがは Yahoo! のトップページ。おかげで誘導先の
サイトのアクセス数は一気に増えました。4日間で100万アク
セス！　これはすごい。その分、すごい勢いで課金され、広告
料は200万円いきました。

　果たして、売り上げは？

　ゼロです、ゼロ。なし。お恥ずかしながら、ゼロでした。
　広告も下手で、クリックされて表示されるホームページも下
手だったのかもしれません。
　しかし、「いまならやるか？」と言われても、やりません。
　Facebook でビジネス系の読者からのアクセス数や認知を高
めてもらうことのほうが、よほど効果的だと考えているからで
す。
　ネットマーケティングを正しくやろうと思ったら、ユーチュ
ーバーやインスタグラマーなど表現系で人気を集めている人た
ちに、引っ張られすぎないようにしなければなりません。

　ちょっと注意しなければならないのは、ときどき "**ハイブリ
ッド型**" が出てくることです。表現系でバズってアクセスを集
めて、ちゃんと売り上げにもつながるというすごい会社が出て
くるのです。
　たとえば、**護身グッズのネット通販の会社**が、YouTube で
面白い動画を配信していました。
　護身用のスタンガンを自分の太ももに押し当て、失神して倒
れたりするのです。

めちゃくちゃ痛そうだし、見ているほうは「すげぇ」って思います。それで話題になって再生回数がどんどん伸び、サイトのアクセスも増えて商品が売れたという仕組みです。

- https://youtu.be/hX3GuoNW0iQ

旧車マニア向けの YouTube チャンネルでうまくいっている例もあります。

依頼があった旧車の修理を実際にやっているところを動画にしているのですが、「うわー、これひどいな。動いてたわけないわ。完全放置車両やん」とかって文句を言いながらどんどん車が修理されていくのです。

その手際の良さや、コメントの歯切れの良さ、マニア心をくすぐる旧車の動画で人気があり、お店は繁盛しているはずです。

- https://youtu.be/Z-HY0IRwjpQ

また、「**耳そうじ**」をしているだけの動画が、延々と流れているだけの YouTube チャンネルもあります。

これは、「情報」と言うべきか「表現」と言うべきか悩むところですが、ただ動画を見ているだけで、不思議と自分もやってもらいたくなります。案の定、この耳そうじサロンは予約を取ろうとしても、まったく取れない人気店のようです。

- https://www.youtube.com/user/milkteacat0227

ハイブリッド型は、参考にするとヤバい例です。引っかけ問題みたいなものです。

一般のビジネスにとっては、**情報の価値を提供して見込み客**

を集めるのがもっとも重要です。

　ということで、よくある失敗を6つ紹介してきました。

　こういった失敗がゴロゴロしているネットマーケティングの世界。

「君、ネット詳しいよね。ネットマーケティング担当よろしく」と言われて突然担当者になった人が、これらの失敗を回避して一流のネットマーケターになるにはどうしたらいいのでしょうか。

　次章から具体的に解説していきます。

第2章

マーケティングの基本。
真のターゲットを見つけろ！

誰をお客さんにするか？
ターゲティングは簡単じゃない

　ネットに限らず、マーケティングで一番初めにやることとは何かわかりますか？

　広告文をつくること、ではありません。

「誰に対してやるか」を決めることです。

　言い換えれば、「誰をお客様にするか」を考えること。「**ターゲティング**」とも言います。

　まずはここから始まります。

「あなたのお客様は誰ですか？」

　これにきちんと答えられなければいけません。

「ターゲティング？　当たり前でしょ、それはやっているよ！」

　そんな声が聞こえてきそうです。

　実際、私がこれまで関わってきた数々の企業でも、「ターゲティングできていますか？」と聞くと、ほぼ100％「一応やっている」という返事が返ってきます。

　だいたいの会社は、ちゃんとターゲティングをやっていると思っています。

　目をつぶって鉄砲を撃つ人はいませんからね。

　狙って撃っているつもりでしょう。

　でも、結局はずしているなら、それはうまく狙えていない可能性が高いのです。

　ターゲティングは、事業がうまくいっているか、そうでないかという結果に直結します。

　儲かっているビジネスがあるのなら、それは狙ってか偶然かわかりませんが、とにかくターゲティングができているのです。

あの大企業でさえ!?
ターゲティングの成功と失敗

　ここで、ターゲティングができている事例をお見せしましょう。

ターゲティングを
絞り込んで見込み
客が見学会に押し
寄せたチラシ

このチラシは当たりました。

見学会に見込み客がたくさん来たし、その後にもつながりました。

なぜか？

ターゲティングできているからです。

「〇〇地区に住む35歳共働き。子ども2人目ができたからそろそろ家を買いたい。忙しくて、片づけにかける時間も少ないし、そもそも片づけに苦手意識もある。家を建てるなら、価格も大事だけど、片づけ上手になれる家なら、なお良い」

ターゲットをこういうお客さんに絞り込んだのです。2世帯住宅で実の母と同居していて片づけしてくれるとか、専業主婦でミニマリストだから、片づけも大丈夫という人はターゲットにしていません。

もともとこの会社は、ローコストの輸入住宅販売だけでは、なかなか商品の特徴が出せず、価格競争になってしまい苦戦していました。

ターゲティングができていないと、価格競争になりがちです。

そこで、きちんとターゲティングをして、うまくいくようになりました。

もう1つ、わかりやすい事例として挙げたいのが「ダイソン」です。

「1.5kgのコードレスクリーナーでは、微細なホコリを99.99%閉じ込め、吸引力が変わらない」というのがいまのメインコピーになっていますが、おそらく、これでは大ヒットというわけにはいかないでしょう。

軽さを謳ったコードレスクリーナーは、ほかにもいろいろ出ていますから。

ダイソンがもっとターゲティングしたら、どうなるでしょうか？

「ペットを飼っていて、毛がたくさん落ちるから、それをとにかくガンガン吸ってほしい。アレルギーの人が遊びに来ても大丈夫！っていうくらいに掃除できる掃除機です。もちろん、ペットに対して安全で、長持ちするもの」

たとえば、こういうものを欲しがっている人たちに向けた商品をつくり、獣医さんから推薦コメントをもらう。
「うちの動物病院でも使っています！」といった広告で訴求する。

これなら、ヒットの見込みがあると思います。

実をいうと、ダイソンのコードレスクリーナーのなかに「アニマルプロ」という商品があるのです。ところが、それほどヒットしている様子もありません。

私は最初に見たとき、「アニマルプロはこういう戦略を立てていけば絶対イケる」と勝手に思っていました。でも、残念ながらそうはいかなかったようです。ターゲティングはよかったのでしょうが、ネーミングだけが先行し、ほかのダイソンコード

レスとの機能性の違いが不明瞭なままだったのが原因かもしれません。

　ダイソンほどの企業でさえ、ターゲティングと商品開発とマーケティングの連携を完璧にはできません。

　ターゲティングはそれほど簡単ではないことがおわかりいただけるでしょう。

　そして、とても重要であることもわかってほしい。

　世の中には、ターゲティングについて系統立てて説明している本も、教えてくれるコンサルタントも、あまりいません。みんな、「なんとなく」でやっているんですね。

「ターゲティングはやっていますよ」と言っていた人も、私が事例を見せると「ここまではできていないかもしれません」と言います。

　ほぼ100％、そうです。

　だから、社長さんたちにいくら「ターゲティングはちゃんとやっています！」と言われても、私はお小言のように「いや、たぶんできていないですよ」と話さなくてはなりません。

　嫌味のように聞こえてしまうこともあり、本当はいいたくないのです。でも、最初に正しく知っておくことはとても大切です。

　さて、「あなたのお客さんは誰ですか？」という質問に対して、どう答えればきちんと答えたことになるのでしょうか。

■ どのような客層であるか？

■ どのような事情を抱えているか？
■ どのような感情を抱いているか？

という3つをセットにして、答えることです。

ターゲティングは、年齢や性別などの デモグラフィックな要素だけではない！

たとえば「保湿美容液」を売っているとしましょう。

ネットマーケティングによって、保湿美容液のサンプルを請求してもらいたいと考えています。

それでは、その「保湿美容液」のお客様は誰でしょうか。

● どのような「客層」であるか？＝単語で説明できるお客さんの要素

　▫ 50歳（プラスマイナス3歳）

　▫ 女性

　▫ 主婦か、働いている主婦か、1人暮らし

　　（夫と2人暮らしか、1人暮らし）

　▫ 既婚が多い

　▫ 夫の収入は1000万円くらいある、夫婦共働きなら

　　1000万円超

　▫ 大学卒業が多い

　▫ 管理職、一般職、部下を抱えているリーダー職

　▫ 地理的な特徴などは、とくになし

- 「事情」＝必要性・事情・ニーズ・合理的な理由など
  - いま使っている美容液が、もうすぐなくなる
  - 朝8時から夜9時まで長時間の冷房環境で働くため乾燥対策
  - 仕事をしていくうえで、必要最低限の美容は女性として必要

- 「感情」＝感情・好き嫌い・欲求・避けたいなど
  - 50代になってシワが気になり始めた
  - 若づくりを頑張っていると思われたくない
  - 明確な理由はないが、いままでの化粧品に物足りなさを感じ始めた
  - 通勤電車の窓に映った自分が怖い顔でイヤだった

まず、「どのような客層であるか？」の部分。

ここは、「年齢、性別、世帯規模、未婚／既婚、所得水準、教育水準、職業、地理的な特徴」などです。

デモグラフィック（人口統計学的）な情報ともいい、ターゲティングといえば、この情報のことだと思っている人は多くいます。

しかし、これだけでは不十分です。

客層のみのターゲティングは、はっきり言って時代遅れです。

インターネットが出てくる前ならいざ知らず、いまの時代では通用しません。

次に「どのような事情を抱えているか？」。

これは必要性とも言い換えられます。

　人間は必要性がなければ行動しません。この例でいえば、どんな必要性があって保湿美容液を買うのか、ということです。「いま使っている美容液が、もうすぐなくなる」のは必要性です。もし必要性だけで消費が行われるのなら、「なくなる美容液の代用品を補充できれば何でもよい」ということになります。

　しかし、そうはいきません。

　それは、最後の「**どのような感情を持っているか？**」が大事だからです。

　人間は感情が動かないと買いません。必要性だけではダメなのです。

　どのような客層が、どんな状況で必要性・事情を抱えており、どんな情緒・感情・葛藤を感じているのか、そこまで検討しなければターゲティングはうまくいきません。

　これは個人も法人も同じです。

　保湿美容液は一般消費者向けですが、BtoB の商品であっても、同じように「どのような客層が」「どのような事情で」「どのような感情で」の３つを分析します。

　どんな商材を扱っていようと共通して、必ずやるべき作業だと考えます。

　加えていうと、**１つの商材に対して、通常は２種類か３種類のターゲティングができます。**
「オフィスワーカー」と「外回りの人」とでは違いますよね。「50 代の女性管理職」と「40 代の外回りをするワーキングマザー」も種類が違います。それぞれ別のターゲットとしてカウントしておきます。

ここまでターゲットがはっきりすれば、ネットマーケティングは難しくありません。

　この例なら、ターゲットの１つは52歳前後の管理職の女性ですので、この層の人たちがよく使うプラットフォームにマーケティングをしかけていくことになります。

① LINE広告
② そのほかのディスプレイ広告
③ 検索連動型の広告
④ インスタグラム広告

　このあたりから着手するといいでしょう。逆に、TwitterやYouTube広告では効果が出にくいと考えられます。

ターゲティングをして
「美容液の広告」をつくるとどうなるか？

　どこに広告を出すかが決まれば、実際に広告をつくることができます。

　こんな感じです。

「50代働く女性の保湿美容液」
　体質が変わり始める50代女性。30代の方々と同じ化粧品でよいのでしょうか？
　当社開発の美容液は、いままでと同じ美容液ではありません。

　責任ある仕事のストレス、長時間のエアコン乾燥、若い
頃の日焼けの後悔にも、当社の新しい美容液は……。

　このような広告をつくっていくことになります。
　しっかりターゲティングできるほど、媒体コストが下がり、
表現がシャープになってライバルを出し抜くことができ、集客
のプロセス設計がしやすくなります。
　それは、利益に直結することになるのです。

押さえておくべき、
ターゲティングの具体的プロセス

　それでは、具体的にはどうやってターゲティングしていけば
いいのでしょうか？
　まず、ターゲティングについて考えるべき要素を挙げます。
「客層」「事情」「感情」のうち、「客層」は「社会的特性」と
「地理的特性」に分けられます。
　あなたのお客さんはどうでしょうか？　イメージしながらざ
っと読んでみてください。

　1-1. 社会的特性
　　▪ 年齢（5歳きざみ）
　　▪ 性別
　　▪ 世帯規模（1人暮らし、夫婦、大所帯？）
　　▪ 既婚／未婚
　　▪ 所得水準

・ 教育水準
　・ 法人の場合──業種、業態、年商、社員数、規模など

1-2. 地理的特性
　・ ××町に在住、××町より向こうなど
　・ ××線沿線
　・ 拠点から×分以内
　・ 都道府県別　住所
　・ ショッピングセンター来館者
　・ 日本に住む外国人　など

2. どのような事情を持つか？
　● 個人
　　誕生、卒業、入学、結婚、離婚、死別、同居、病気など
　● 法人
　　登記、設立、売上低下、世代交代、退職、事件など

3. どのような感情（動機と葛藤）か？
　・ どのような欲求を持っているか？
　・ どのような必要性を持っているか？
　・ どのようなリスクを感じているか？
　・ ブレーキとなっているのは何か？
　・ 何を怖れているか？
　・ どのような信条を持っているか？

それでは具体的なプロセスについて説明しましょう。

Step1：お客さん 30 件をピックアップし、名前を挙げる
Step2：客層データ（社会的特性、地理的特性）を加える
Step3：2 つの効果的な質問を使って、さらに掘り下げてイメージする

　ターゲティングのためのデータとして、実際にお客さんになってくれた人 30 件分のデータを分析します。

　最近のお客さん 30 人の名前を挙げ、それぞれ年齢や家族構成などの「社会的特性」、それから居住地や利用駅などの「地理的特性」のデータを加えます。

　先に挙げた保湿美容液の例を見てもわかる通り、この「客層」データもけっこう細かく出します。細かく分析できるほどターゲットが見えてきます。

　意外とここも曖昧な場合が多いので、よく確認してください。**「30 代、40 代サラリーマンかなぁ〜。ネット販売だから地理的特性は関係ないし」なんていうのは曖昧すぎて分析できません。**

　お客さん像がフワッとしていれば、フワッとした広告しかつくれず、媒体コストがかさんで結局利益が出なくなります。

2 つの効果的な質問で、お客さんの「事情」「感情」を引き出せ

　そして、ここからが重要です。

　「2 つの効果的な質問」を使って取材し、**個別の「事情」「感情」を引き出す**のです。

「2つの効果的な質問」とは……。

質問1
「あなたがこの商品を買ったのは〇月〇日のこと。それが
1カ月後でもなく、2カ月後でもなく、そのタイミングだ
ったのは、どんな事情があったからですか?」

質問2
「ほかにも似た商品があるなかで、これを選んだのは、何
を期待したからですか?　ほかにどのような感情を持って
いましたか?」

この聞き方が大切で、お客さんに「なぜですか?」「どうして
ですか?」と聞いてはいけません。

お客さんの事情と感情を知りたいと思うとき、「この商品を選
んだのはなぜですか?」と質問しがちではないでしょうか。で
も、残念ながらその質問ではうまく答えられません。

あなたも、最近買ったものでこれらの質問に答えてみてくだ
さい。

「そのタイミングだったのは、どんな事情があったからです
か?」と聞かれれば、ラクに答えられるはずです。そして、
「ほかのものでなく、これを選んだのは何を期待したからです
か?」という質問なら、感情が湧いてくるはずなんです。

大切なことなので繰り返しますが、「2つの効果的な質問」は
正確に聞いてください。質問というのはめちゃくちゃ大事なの

です。質問を間違えると答えが出ません。

「なぜこの商品は売れないのか？」という言葉で思考したら、その商品は売れるようになりません。売れない理由をリストアップできるだけです。

かといって、「どうすればこの商品が売れるようになるのか？」と質問しても、「わかりません」という答えが返ってくるだけです。

たとえば新人営業マンが、社内で先輩に「もっと売りたいんですけど、どうしたらいいですかねぇ」って質問したら、先輩も「うーん」と考え込んで、2人でウンウンうなるだけでしょう。

効果的な質問はこうです。

「先輩がこの商品を売っていたとき（この商品が売れていたとき）は、何が起きていたんですか？」

この質問なら、答えが引き出されます。

マーケティングについて多少勉強したことがある人なら、お客さんの「ニーズ」「ウォンツ」が重要だという話は聞いたことがあるでしょう。

でも、「どんなウォンツを持っているのか」という質問で思考しても、答えは出てきません。

「ニーズ」や「ウォンツ」という言葉を使って考えていると、なんとなくわかった気になってしまうのですが、それでは全然ダメなのです。

私自身も、「2つの効果的な質問」として洗練させられたのはここ10年以内の話で、それまでは大変でした。

クライアント企業の社長さんが提示してきたものを見て首を

ひねりながら、

「ターゲティングは、それじゃないんですよね」

「じゃあ、何ですか？」

「うーん、なんと説明したらわかってもらえるかなぁ」

とずいぶん悩んだものです。自分ではできるけれど、人に説明してやってもらうのがものすごく難しかったのです。それで、試行錯誤して、誰でもこの通りにやればできるという「２つの効果的な質問」が完成しました。

１件１件ヒアリングしていくなかでは、デジャヴュのように「あっ、まただ」と思うケースが出てきます。**30件中5〜6件同じケースが出てきたら、それは確実にメインターゲット**だといえるでしょう。

この一連の作業をコンサルタントが手伝えば早いですが、社内で自分たちで頑張る！　という場合も大丈夫です。これまで説明したプロセスの通り、質問も適当にせず着実にやっていってください。

きっと「これだ！」と思うものが見つかるでしょう。

「でも、まだお客さんが30人もいないんですけど……」

「**新規ビジネスでターゲティングを考えたいので、まだお客さんがいないんですけど……**」

そういう人もいるかもしれませんね。

直接お客さんにヒアリングできない場合は、どうするか。

次に、その方法を説明しましょう。

類似商品のレビュー、雑誌の特集から ヒントを探る

たとえば私が、すでに出版（監訳者として）している『シュガーマンのマーケティング30の法則』（フォレスト出版）という本をもっと売るためにターゲティングを考えたければ、本屋さんで調査するなりして購入者を見つけてヒアリングできます。

「あなたが1カ月後でも2カ月後でもなく、今日、この本を買ったのはどんな事情があったのですか？」

「ほかにもたくさんマーケティングの本があるなかで、この本を選んだのは、何を期待したからですか？　ほかにどんな感情がありましたか？」

こうやって聞くことができます。

これから新しいマーケティングの本を出す場合は、類似のケース、つまり、似ていると思われる既刊本を探し、レビューなどを見て、どんな人がお客さんになっており、何を期待していたか、何を評価しているかなどを調査します。

コンテンツ以外の商品も同じです。**類似商品のレビューを調査**します。

このとき、先ほどもお伝えしたターゲティングの要素を意識しながら見ていってください。直接のヒアリングと比べれば当然精度は落ちますが、ある程度の数を見ていけばターゲットがつかめてくるはず。レビューというのは宝の山なのです。

ネット上で評価コメントが多く拾えるものならいいけれど、不動産のようにネット販売はしておらず、評価コメントが拾い

にくいものはどうしたらいいか？

その場合は、雑誌をチェックします。

雑誌のオンライン書店「Fujisan.co.jp」などを利用し、お客さんが読みそうな雑誌を見てみましょう。

不動産なら、住宅情報系の雑誌です。『モダンリビング』『イエマド』などいろいろあります。バックナンバーも一覧にして見るとわかりやすいです。雑誌は必ずメイン特集が表紙に載っていますから、バックナンバーの表紙をざっと見ていくだけでもキーワードがつかめるのです。

たとえば、『モダンリビング』のバックナンバーをざっと見ていくと「豪邸」や「キッチン」などのキーワードが繰り返し出てくることがわかります。

繰り返し特集されるということは人気があるということ。ニーズ、ウォンツがうかがえます。ここからヒントを得てターゲティングしていき、「豪邸見学会　見どころはキッチン」のような広告をつくることもできるのです。

アウトドア型の住宅なら『チルチンびと』。これもとても人気のある雑誌です。バックナンバーを見ていくと「薪ストーブ」「庭」「花」などのキーワードが繰り返し出ています。『モダンリビング』とは全然違いますね。同じ建築でもターゲットが違うのです。こちらは、たとえば「玄関・勝手口・縁側で庭とつながる家」なんていうキャッチコピーの広告をつくれるかもしれません。

雑誌は、**存続できるギリギリのラインでターゲットを絞っているというのが前提にあります。ターゲットが狭すぎれば存続**

できないし、広すぎてもダメです。買ってもらえず発行部数が
どんどん下がっていってしまいます。だから、人気のある雑誌
というのはそれだけターゲティングがうまくいっているし、そ
のために考え抜かれているのです。

　30人のお客さんにヒアリングできる人も、雑誌の切り口は
とても参考になるので一度チェックするといいでしょう。

ターゲティングの重要性はわかった！
でもターゲットを絞るのが怖い……という人へ

　ここまでの話で、ターゲティングの重要性や具体的な方法に
ついてわかってもらえたと思います。

　最初は「ターゲティングはやっていますよ」と言っていた人
も、「そこまではできていませんでした」と言って考え直して
くれるのですが、次に出てくるのが「そうは言っても、絞りす
ぎのような気がする」という反応です。

　できるだけターゲットは広くとっておきたい、という気持ち
がムクムク湧いてきてしまうのでしょう。

　でも、たとえばこんな例を考えてみてください。

　駆け出しの「経営コンサルタント」が、『日経新聞』に販促
コラムを連載したいと思ったって、まず無理です。有名コンサ
ルタントがズラッと順番待ちしているような状態ですから、そ
んなところに入っていけるはずがありません。それよりも、

■製造業専門のネーミングコンサルタントが、『日刊工業新聞』
　に単発記事

- 外食産業専門コンサルタントが、売れるメニュー写真の撮り方を『日経レストラン』に連載
- 建築業専門コンサルタントが、クロージングのトークノウハウを LIXIL（リクシル）の社内報に連載

のほうがハードルが低いことはわかりますよね（例は、あいかわらずハードル高いけど）。

そのうえ、ターゲットが一生懸命読んでくれます。

一般的な販促コラムはスルーしても、「これはまさに自分が知りたいことだ」と思えば読むでしょう。

お客さんを広く取りたい気持ちはわかりますが、まずは絞る！　できるだけ絞り込んだほうが絶対うまくいきます。

ターゲットを絞り込んでうまくいっている、お手本のような商品を紹介しましょう。知る人ぞ知るという、こんな商品。

I-O DATA キャプチャーボード ゲームキャプチャー

- https://www.amazon.co.jp/dp/B01NBKP6GC

　自分がプレイしているゲーム動画を、高画質で簡単に録画できるというものです。ゲーム機とテレビの間にこの機器をつなぎ、録画ボタンを押すだけ。再生すれば、プレイ動画をテレビで見ることもできます。パソコン上でやろうとするとすごい負荷がかかるけれど、これがあればパソコン不要。手軽です。

　実はこれが大ヒット商品で、すぐに在庫切れになってしまうんです。入荷するとまたすぐ売れる。

　一般にはあまり知られていませんが、**ゲーム実況ユーチューバーにとっては「神器」**なんです。いまどき、こういった小型のパソコン関連機器で単価１万円を超えても売れるものってなかなかありません。ターゲットを絞り込んだニッチ商品だからこそ、大成功しているのです。

「ゲームを録画したい人って、そんなにいるかなぁ……」「ターゲットを絞り込みすぎなのでは……」と思いますか？

　いいえ、絞ったからうまくいったのです。Amazon でのレビューも 1000 件以上ついていますよ。売れている証拠です。

　このようにターゲットを絞り込んだ商品は、ストライクゾーンの人以外は知らないので、「へぇ、そんなのあるんだ」と思ったのではないでしょうか？　しっかりターゲティングできているものはテレビＣＭ向けじゃありませんからね。

　私もこの機器を持っています。実はゲームのキャプチャ以外にも使えるのです。

　パソコンにつないで、パソコン上の操作を録画したり再生したりするのに便利なのです。

　クライアントさんにパソコン画面を見せながら、「ここの検索

窓に××とキーワードを入れて、出てきたこれをクリックして、次にここに××と入力してくださいね」などと伝えたあと、いまの操作の動画を送ってあげる。すると、「聞いたときはわかったと思ったんですけど、どこをクリックするんでしたっけ？」ということが防げます。便利です。

「へぇー、全然知らなかったけど、それいいなあ」

そう思った人もいるのでは？

「知る人ぞ知る商品」というところがまた、購買意欲をそそりますね。こうしてまた人気が広がっていくわけです。

こういったものも、これまでお話ししたターゲティングのプロセスでつくれるはずです。

お客さん30人にヒアリングしたとき、1〜2人しかいない場合はさすがにレアケースなので危険ですが、**5人に共通する事情・感情が出てきたら「これだ！」と思ってターゲティングする**。ターゲットが絞れるほど、その後の戦略もスムーズに考えられます。

ユーザーにマッチする媒体を選んで、プロセスを設計

次にやるのは、「ベルトコンベアーを組み立てる」こと。

ターゲットがベルトコンベアーに乗ってスムーズに商品を購入できるように、プロセスを設計しましょう（次ページ参照）。

わかりやすく「ダイソンの『アニマルプロ』という**掃除機を売る**」という例で考えてみましょう。

マーケティングのプロセス設計

| 1. 各媒体 (マーケティングツール) |

• 媒体のユーザー層を知っておく

| 2. ホームページ |

• 自社の強みを知っておく

| 3. 商品購入 |

| 4. 結果を検証して改良 |

それぞれのプロセスを
書き込んでいく

　仮に、ここはビックカメラ佐藤店だとします。

　ダイソンから仕入れている『アニマルプロ』を売りたい！　という場合、どう組み立てていくか。

　ターゲティングはもうできている前提で進めます。ターゲットは以下のような感じです。

■ ペットを飼っている共働きの夫婦　40代くらいまで
■ 毛が落ちるので掃除が大変
■ 手軽で、威力のある掃除機でラクに掃除したい
■ 掃除機が壊れたので買い換えたい……

　プロセス設計の考え方として、このあとにやるべきは、次のようなことです。

1. 勝てる根拠（強み）を洗い出す

ダイソンの『アニマルプロ』を、ビックカメラ佐藤店で買うのはなぜでしょうか？

ほかの店ではなく、ビックカメラ佐藤店で買いたい！　と思う理由が必要です。

商品自体は同じでも、店に強みが何かしらあるはず。それを洗い出していきます。

店の強みといわれても、よくわからないときは、考える「切り口」があります。

1つ目は**「実績」**という切り口。

ペット向けの掃除機を何台売ってきた、というのは実績であり、信頼できる材料になります。

それ以上に重要な切り口が、**「特典」**や**「工夫」**です。

「当社で買ってくれたら、代替品予備バッテリーを無償でおつけします」

「当社で買ってくれたら、毛を取りやすくするブラシをプレゼント」

というのが「特典」。

「当社で買ったものは、3年後に送ってくれれば実費5000円のみでクリーニングして返送します」といったものが「工夫」という切り口です。

「自分でできる『アニマルプロ』のメンテナンスや掃除の仕方動画をYouTubeで公開している」というのも「工夫」に当たります。

「どうしても強みが見つからない」という場合は、新たにターゲットが喜びそうな特典や工夫を考えて強みにしていくことが

必要ですが、すでに売っているのなら何かあるはずなんですね。それを明確にしておくという作業になります。

2. 適切な媒体 (ツール) を探す

次に、マーケティングを仕掛けていく「媒体」を選びます。

すでにお話しした通り、ネットマーケティングの場合、選択肢はさほど多くありません。

以下に挙げた媒体・ツールのなかから、ターゲットに合うものを選べばいいでしょう。

ターゲットが使っていそうな媒体、見ていそうな媒体を選ぶという意味です。

- SEO
- グーグルマップ
- ポータルサイト (スーモ、カーセンサーなど業種別にある)
- ブログ (オリジナルドメイン／アメブロなどブログサービス)
- メルマガ (自社配信／まぐまぐなど配信スタンド)
- Twitter
- Facebook
- インスタグラム
- LINE
- note
- プレスリリース (PR TIMES、@Press など)
- YouTube
- PPC 広告
- Google や Yahoo! のディスプレイ広告

ビックカメラ佐藤店の場合は、こんなふうに選んでみました。

---

①ペット向き動画を流している YouTube 番組に動画広告
②「犬　毛　掃除機　おすすめ」キーワードなどに広告出す（PPC 広告）
③犬が好きという人向けのインスタグラム広告
④上記と同じターゲットへの Facebook 広告
⑤ダイソンアニマルというキーワードでの SEO 記事
⑥ペットのポータルサイトを探して広告出す

　これを全部やるというわけではなく、予算に合わせて優先順位を決め、順番に試していきます。

　インターネット広告のプロが関われば、過去の事例を豊富に持っているので「これとこれだけ試せばいい」というのがピンときます。そうしたプロであれば、「まずインスタ広告で、次にFacebook 広告。ダイソンアニマルのキーワード検索が多いようなら、SEO 記事を書くのもアリ」というアドバイスができます。

　また、インスタグラム広告が有効だと思われる理由は、ターゲットの 40 代までの共働きの夫婦なら、奥さんが YouTubeや Twitter よりもインスタグラムを見ている可能性が高いからです。

　自社でやるなら、そこまで明確なイメージはつきにくいかと思います。

　その場合は、ビックカメラ佐藤店がピックアップしたように、**いくつかのアイデアを出してそれを試していくことです。**

いきなりドーンとお金をかけるのではなく、少額ずつ試していくといいでしょう。

3. ホームページを整える

広告をクリックしたあとに飛ぶ、リンク先の「WEB サイト」を整えます。

ネットマーケティングで、Google のディスプレイ広告を出すにしろ、Twitter で発信していくにしろ、そこで出会った「見込み客を連れてくるページ」を用意しておかなければなりません。

検索結果の上位表示を狙うのも、もちろん WEB 上のページが必要になります。

その WEB サイトには、2 種類あります。「ホームページ（HP）」か「ランディングページ（LP）」です。

違いはわかりますか？

簡単に言うと、ホームページとは複数のページで構成されているもので、ランディングページは 1 ページのみの WEB サイトです。

ホームページには情報がまとまっており、ユーザーは知りたい情報のあるページを選んで見ることになります。いっぽう、ランディングページは商品購入や資料請求、問い合わせなどの行動を取ってもらうことを目的としています。ページの上から順番に読んでいって、最後にボタンをポチッとするやつですね。

どちらも効果の出やすいフォーマットがありますので、次章で解説します。

いずれにしても大事なのは「誰向けにつくるのか」という部分。これがハッキリしていないと、ボンヤリしたページにしかなりません。

むしろ、フォーマットだけマネしても失敗します。

4. 各媒体からホームページにつなぐ

お客さんには、先ほど選んだ媒体からホームページ（またはランディングページ）にきてもらい、申し込みや問い合わせなどのアクションをとってもらいます。

そこがスムーズにつながるように考えましょう。

ビックカメラ佐藤店がインスタグラムに広告を出す場合、たとえば「**ペット専用のダイソン掃除機？　いまならクリーニング無料**」といった言葉を入れたベース広告をつくってみます。

そして、クリックするとホームページに飛びます。そのホームページには「**1年後、クリーニングして返送します**」といった「強み」の部分もしっかり入れつつ、商品のよさを伝え、購入できるようにしておきます。

「これ、気になるな」と思ったターゲットが、ベルトコンベアーに乗って「購入」までたどりつけるように設計し、運用してみるわけです。

5. トライアンドエラーで、最適なマーケティングを見つける

あとは試行錯誤して、もっとも効果の高いマーケティング手法を見つけていくことになります。

「**インスタ広告→ホームページ（ランディングページ）→購入**」が

うまくいっているなら、もっとお金をかけて続けてもいいですね。

効果がイマイチだったら、どこがマズイのか見つけて改良していきます。「どうやらインスタグラムにはターゲットがいないぞ」ということなら、別の選択肢に移ります。

ネットマーケティングは効果の検証が大事。

道路看板の効果は厳密に調査するのは難しいですが、ネット広告は詳しく効果検証ができます。広告を出してそのまま放っておいたら意味がありません。「数字をチェックして、改良していくのだ」と考えてください。

この試行錯誤を何回やったかで、利益が大きく変わります。

ターゲットにマッチした 適切な媒体を探すには?

ネットマーケティングの媒体を選ぶ際、ポイントになるのは「ターゲットにちゃんとマッチしているか」です。ここがズレていると、いくらお金をかけても効果が薄くなります。

ですから、ターゲットに合う媒体をしっかり見きわめたいところ。

一般的にいって、広告を出す場合は各媒体にユーザー層の資料が必ずあります。「広告出しませんか?」と言う側は、ちゃんとそういう資料を用意しているのです。

たとえば、あるビジネス雑誌に広告を出すことを検討する場合、

「購読者25万人
30代20% 40代30% 50代20% 60代18% その他12%

経営者、役職者が半数を占める」

　といった情報をもとに「経営者層向けに広告を出すならこの雑誌がよさそうだ」と判断します。

　インスタグラムに広告を出したい場合も、ユーザー層を調べれば、

「ユーザー数 3300 万人（2019 年 6 月時点）
10 代の 57％、20 代の 48％、30 代の 39％が利用している
SNS 男女比は男性 4：女性 6」

　といったことがわかります。ターゲットが若い女性なら候補になりそうです。

　このように媒体資料を確認して、ターゲットに合うものを見つけてください。

「SNS ユーザー層」などと検索すれば、Twitter、Facebook、インスタグラム等のユーザー層情報が見つかるので調べておくとあたりがつけやすくなります。

　ザックリ知りたい人向けに、ヒントをお伝えしておきましょう。

　もちろん私も各媒体の資料は見ていますが、経験則から次のようなイメージを持っています（次ページ参照）。

　ちょっと乱暴な分類ではありますが、あなたも何かしら SNS を使っていれば、なんとなくユーザーのイメージはあるのではないでしょうか。

SNSユーザー層を知るためのヒント

- ⏺ YouTubeとTwitterのユーザーは重なる部分があるが、
  Facebook、インスタグラムとはあまり重ならない

- ⏺ YouTubeとインスタグラムのユーザーで重なるのは
  主に若い女性

- ⏺ 若い男性向けならTwitter

- ⏺ 小学生など子供向けはYouTube

SNSのユーザー層をつかんで
おくことで、どこに広告を打
てばいいかがわかってくる

　こうして見ると、Twitter、Facebook、インスタグラム……
と、やたらと連携させたり、全部やろうとするのは意味がない
ということがわかりますね。ターゲットのいる場所に狙いを定
めて仕掛けていくのがもっとも効果的です。

　こうした情報から媒体をピックアップし、予算に合わせて優
先順位を決めてみてください。

いますぐ実践できる！ 見込み客に刺さる
キーワードリストのつくり方

　ここで、見込み客に刺さるキーワードリストのつくり方につ
いてお話ししておきましょう。広告文にしろ、ホームページ、

ランディングページの文章にしろ、どのような言葉を使って伝えるかは重要になってきます。

たとえば、"保湿美容液"を売りたいときに、ターゲティングをちゃんとやっていて、

> 「52歳前後の管理職の女性で、長時間のエアコンによる乾燥が気になる。若づくりして頑張っているようには思われたくないが、最低限の美容は必要。これまで使っていた美容液には物足りなさを感じ始めた……」

といったことがわかっていれば、「乾燥が気になる50代の女性へ」とか「50代からのエイジングケア始めませんか」のような、"ボンヤリした広告コピー"にはならないと思います。

では、ちゃんとターゲットに届く、ターゲットが振り向いてくれるコピーを書くにはどうしたらいいの？ と思いませんか？

そのための「キーワードリスト」です。見込み客にばっちり届くキーワードを拾って、リストにしておきましょう。

すぐに実践できる、簡単なやり方です。簡単ですが、確実に効果がありますよ。

いいキーワードを見つけるコツは「乱暴に調べる」こと！

見込み客に刺さるキーワードを探すため、まずは「見込み客

の気持ちになって検索」をしてみましょう。

このときに重要なのは、実は**「乱暴に調べる」**こと。

どういうことかって？

「犬　毛　掃除機　おすすめ」のように、いま考えられるキーワードを選び、複合キーワードとして入力するのではなく、**「犬の毛をよく吸う掃除機が欲しい」**と入力しちゃえ、ということです。Siri に話しかけるように、思ったことをそのまま入れちゃえばいいのです。

いまの検索エンジンの性能はすごいですよ。

ちゃんと意図を読み取って情報を表示してくれます。

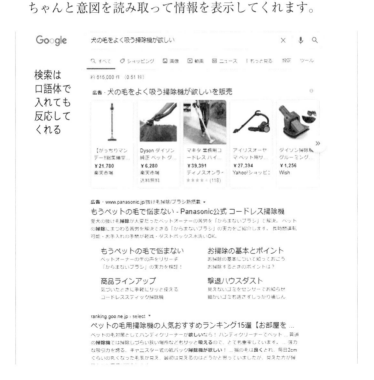

検索は
口語体で
入れても
反応して
くれる

そうすると、上から順に、

■ Panasonic 公式　コードレス掃除機の広告
■ ペットの毛用掃除機の人気おすすめランキング 15 選
■ 犬の毛の掃除におすすめの掃除機 10 選
■ 犬 掃除機 - Amazon.co.jp
■【楽天市場】ペット 毛 掃除機の通販

と 10 件表示されます。ちゃんと求めている情報が出てくる
わけです。

　この「乱暴に検索した結果、表示された 10 件」をよく分析
していくと、よいキーワードがたくさん隠れています。

　そもそも、Google の検索結果の 1 ページ目に表示されるの
は、**Google が高く評価した「いい情報」のサイトトップ 10** と
いう意味です。クリック率が高く、よく読まれているサイトで
す。
　だから、基本的にこのトップ 10 を見れば OK なのです。
　しかも、クリックしてページに飛ばなくてもかまいません。
　検索結果には各サイト内の文章が 3 行から 5 行ほど見えてい
ますね。ここをチェックして、目に入るキーワードをピックア
ップしていきます。

「犬の毛をよく吸う掃除機が欲しい」と Google 検索して目に
入ったキーワードが次のようなものです。

- おすすめ
- 毛
- 犬
- 掃除機
- ランキング
- 掃除しづらい
- 狭い場所
- 吸える
- 丸くなった毛玉
- 紙パック
- 最適
- 重宝
- 手頃
- ブリーダー
- 雑巾がけしたみたい

こんなふうに、どんどんキーワードを拾うことができます。

さらにヒントがあります。一番下に「検索キーワード」のおすすめが表示されていますね。

犬の毛をよく吸う掃除機が欲しいに関連する検索キーワード

犬の毛が絡まない 掃除機	犬の毛 掃除機 マキタ
毛が絡まない 掃除機 コードレス	パナソニック 掃除機 ペットの毛
ペットの毛 掃除機 トルネオ	猫の毛 掃除機 2020
ペットの毛 掃除機 コードレス	アイリスオーヤマ ペット用掃除機
犬の毛 掃除機 ダイソン	室内犬 掃除機

Goooooooooogle ›

1 2 3 4 5 6 7 8 9 10　　　　次へ

ここに出ているのは、「犬の毛をよく吸う掃除機が欲しい」に関連した、よく検索されているキーワードということです。ですから、これもキーワードとして拾っておきましょう。

　もうこれだけで、ターゲットの頭のなかにフワフワと浮かんでいるキーワードリストができてしまいました。これなら、すぐにできるし簡単でしょ?

　このキーワードリストを使いながら、文章を組み立てていけばいいのです。

　たとえば、こんな広告が考えられます。

犬の抜け毛、絡まない!　ブリーダーおすすめ掃除機 ダイソンとマキタほか徹底比較

　これならクリック率が高いはず。

　見込み客がクリックしたあとのランディングページまで、プロセスをちゃんと設計しておけば、うまくいくでしょう。

　このように考えると、アナログよりもデジタルのマーケティングのほうが、手順を作業化しやすいという意味で「簡単」です。たったいまお話しした、キーワードリストづくりは誰がやっても同じになります。

　今度は「生食パン」を売りたいお店の例でちょっとやってみましょう。

　「美味しい生食パンを売っているお店を調べたい」と入力し、検索します。

　すると、グーグルマップが一番上に表示され、その次にこん

な検索結果が出てきます。

tokyolucci.jp › 新着記事一覧 › グルメ › カフェ ▾

東京の極上パン専門店8選｜全店舗を食べ比べレポート ...

焼きたてを待つ幸せ【セントル ザ・ベーカリー】に移動 ― 毎日食べるからこそ、自分好みで
美味しい食パンに出会いたい！というあなたに、今回は東京都内の極上食パン専門店を紹介し
ます。紹介するのは、「あずきを使った高級食パン」、「...

iemone.jp › article › gourmet › iemone_editors_98564 ▾

【高級食パン専門店ランキング2020】編集部おすすめ10選や ...

2020/09/04 ― 本当においしい食パンは、一体どこの食パンなの？ ...さらに編集部おすすめの
食パン専門店、普通のパン屋さんだけれど実は食パンが人気、というお店10選。チェックすべ
きお...4 チェックしておきたい！お ...検索大賞2019 食品部門賞」も受賞し、注目を集め続け
ていることがうかがえます。 ...その存在は、高級牛食パンのパイオニアとして君臨すると言っ
ても過言ではありません。

the360.life › ... › パン・ベーカリー ▾

高級食パン専門店おすすめランキング14選｜予約してでも絶対 ...

2020/02/19 ― そこでやっぱり気になるのは一番美味しい食パンです。今回は、...乃が美の商
標登録「高級生食パン」で話題の「高級食パン専門店」。口の中で溶け ...価格がスーパーやコ
ンビニで販売されている製パンメーカーの5~7倍するにもかかわらず店頭には行列ができるほ
どの人気です。そんな人気...プロが高級食パンをまだ食べたことがない人に一番薦めたいと選
んだのが「夢」。同店の...

precious.jp › ライフスタイル › おもてなし › パン ▾

高級食パン18選｜ふわふわもっちり！関東・関西・北海道の ...

2019/04/28 ― ここ数年、日本の1世帯当たりの「支出額」が、お米より上回ったというパン（
総務省「家計調査」調べ）。...そ... 検索ページから つけは、オーナーが「今まで食べた
ことのないおいしい食パンがつくり キーワードを ...ロ5：きめ細やかな口どけが特徴の
生食パン「考えた人すごいわ」「は 抜き出していく らはコッペパン専門店「（食）盛岡
製パン」などを展開するオーネステ いる食パン専門業態で、販売する生
食パンは、...

nogaminopan.com › shop_list ▾

店舗一覧｜高級「生」食パン専門店の乃が美（のがみ）

焼かずに美味しく食べていただける「牛」食パンをお届けします。...はなれ 札幌アスティ45販
売店 ... はなれ 函館店。〒040-0011 北海道函館市本町6-12 テーオービル1階。0138-83-1886（か
け間違いにはご注意ください）；10:30~18:00 ...

　この検索結果ページを見て、良さそうなキーワードをどん
どんピックアップしていきます。

「美味しい生食パンを売っているお店を調べたい」とGoogle
検索して目に入ったキーワード

- 極上
- 高級
- 本当においしい
- パイオニア
- 行列
- 口どけ
- きめ細やか
- プロ
- 職人
- こだわり
- そのまま食べて美味しい
- シンプル
- パン好きを唸らせる
- しっとり
- もちもち
- 耳まで柔らかい

あっという間にキーワードリストがつくれました。

このキーワードリストをうまく使いながら、ホームページや
ランディングページをつくります（整えます）。

ネットマーケティングツールにも活かしていきます。

手元にキーワードリストがあると、今後の作業もグッとイメ
ージしやすくなったのではないでしょうか。

ぜひあなたも実際にやってみてください。

第3章

売れるホームページの
つくり方&マーケティング

成功するホームページの基本の型

ネットマーケティングで、インスタグラムなどの媒体から誘導するといったとき、誘導先はランディングページをイメージする人もいるかもしれませんが、最初にお話ししたいのはホームページのほう。

ホームページは複数のページで構成されています。

実際に見てみましょう。

私の会社、マーケティング・トルネードのホームページで、"公式サイト"と呼ばれたりします。

● https://www.marketingtornado.co.jp/

　最初に表示されるのは「トップページ」ですが、上部に「プロフィール紹介」「コンサル等・料金」「無料レポート」などのグローバルメニューがあります。

　この公式サイトを閲覧している人は、見たい情報のあるページを自由に選んで見ることができます。

　弊社にとってみれば、コンサルティングを検討している企業経営者に見てもらいたいのが、この公式サイトです。

　いっぽうで、教材販売のためのランディングページはこちら。

　https://www.marketingtornado.co.jp/support-menu/kyozai-hanbai/tadashii-yamesasekata/

雇用問題と交渉のエキスパートに教えてもらう実用シリーズ

正しい辞めさせ方

・イエローカードの作り方・使い方
・7種類の辞めさせ方
・お互いのわだかまりが残らない　　他、多数・・・

「辞めてほしい人」がいる社長さんへ

「頑張ってくれそうだから、雇おう。うん。期待しても大丈夫そうだ。
よし、採用して、がんばってもらおう。いろいろ教えてやらないとなぁ…。
なぁに、最初は慣れないだろうけど、教えていけば、やる気もありそうだし、
きっと育っていってくれるはずだ。」

そんな風に、人を採用したものの、

「こんなにもトラブルメーカーだったなんて…」
「あいつ、面接のときがピークだったな…」
「なんとかして、自分から辞めていってくれないだろうか…」

そんな風に、落胆している社長を、何度も見ました。

こちらのランディングページには、公式サイトとは違って、メニューボタンがなく、スクロールして読んでいくことになります。

　※なお、このような教材販売はランディングページでも成功しやすいのですが、「経営コンサルティング」という商品・サービスをランディングページで販売するのは、難易度が高く成約率は下がります。

　ネットマーケティングの各媒体から、ホームページ（サイト）へと誘導するか、ランディングページへと誘導するか、どちらを選択するかは、業種・商品によります。

　弊社のように公式サイトも使うし、ランディングページも使うといった、両方を使う場合もあるでしょうし、ホームページのみでいい場合も多いでしょう。

　いずれにしても、**ホームページ（公式サイト）は、やはり基本**です。ネットマーケティングに絶対に必要とはいいませんが、基本を知るにはとてもよいのです（タレントさんなどは公式サイトなしでSNSだけでもかまいません。もう１つ挙げるなら、一見さんお断りのお店は公式サイトがないというのもありです。もっとも後者はそもそもネットマーケティングしようと思ってません……）。

いまの時代は「１カラム」が前提

　まず、いまの時代のホームページの大前提は「１カラム（ワ

ンカラム)」です。

　カラムとは「段組み」のことで、メインコンテンツの横にサイドバーを配置したレイアウトの場合、2カラムや3カラムと呼びます。

2カラム

メニューボタン

コンテンツ
(Contents)

サイドナビ
(Sidenavi)

3カラム

メニューボタン

サイドナビ
(Sidenavi)

コンテンツ
(Contents)

サイドナビ
(Sidenavi)

Amazon も、昔は3カラムでしたが、いまは1カラムです。

　1カラムにすべき理由は、スマホやタブレットの存在です。

　昔は、パソコン上で見ることを前提にしつつ、携帯からのアクセスには、それ用のページをつくって表示していました。だから、2カラムでも3カラムでも問題はありませんでした。

　ところが、いまはスマホからのアクセスのほうが多いうえに、パソコンとスマホの間の大きさであるタブレットもあります。2カラム、3カラムでつくってしまうと、タブレットから閲覧したときにレイアウトが崩れてしまうのです。

　ですから、**パソコン、スマホ、タブレットのどれでアクセスされてもイメージがそれほど変わらない、シンプルで自由度の高い1カラムレイアウトが基本**です。

トップページには、すべての情報を「チョイ出し」

　1カラムなので、情報は縦に積んでいくことになります。

　ユーザーはスクロールしながら情報を見ていきます。これが前提。では、ユーザーが最初にたどり着き、もっとも見るであろう「トップページ」には何を載せたらいいのでしょうか?

　答えは、「ユーザーが知りたいこと全部」です。

　いまの時代は、どんな業種も例外なく、スマホからのアクセスが60%以上です。

　グローバルメニューから自由に見たいページに飛べるようになっているホームページですが、スマホユーザーは基本的にトップページしか見ないと考えたほうがいい。

　パソコンで見ていれば、画面の上部にグローバルメニューが見えていますね。

グローバルメニューは
スマホからは見えなく
なることが多い

しかし、スマホではグローバルメニューが見えなくなってしまうことが多いのです。

すると、トップページにたどり着いたあと、どこをクリックしていいかわかりません（右上にある3本線をクリックするとメニューが表示されますが、ここをクリックしてメニューを確認する人は少数だと考えたほうがいいです）。

ここを
クリック
する人は
多くない

また、パソコンにはマウスがあり、マウスを動かすことで画面上どこがクリックできるのか表示されるようになっていま

す。クリックできる箇所にカーソルがいくとマウスの形状が変わるなどして教えてくれますね。

でも、スマホの場合それがありません。スマホに指を近づけたところで、クリックできる箇所の色が変わるわけではありません。

押してみないとわからない。

そういうこともあって、**スマホで表示されているサイトになったとたん「クリック率」が下がりやすい**のです。

ですから、**ユーザーが見たいものを2階層目に置いてはいけません。**

クリックしなくても見える状態にしておくべきです。ましてや第3階層のページなど、ほとんど見られることはないと考えるべきです。

トップ階層で、すべての情報を一部でもいいから見える状態にしておいて、「もっと見たい人はこちら」と、わかりやすいボタンを用意しておくのです。

たとえば、これは宮崎県でデザイン住宅を建てている**「佐藤建設」**さんのホームページですが、トップページに見込み客が見たいであろう「施工事例」を一部載せています。

  https://shizen-ya.jp/

スマホで見ると、施工事例の欄の下部にある「MORE」を押せば、施工事例をもっと見ることができます。グローバルメニューよりも、トップページで一部見せた状態から「もっと見たい人はこちら」のほうがはるかにクリックされるのです。

　スマホではクリック率が著しく下がるといいましたが、トップページの「チョイ出し」を見てピンときたスマホユーザーは、クリックします。

　すると、次も、次もとクリックが止まらなくなるのもスマホユーザーの特性です。

情報は、お客さんが見たい順に並べる

　次に、トップページに載せる情報の順番についてです。

　ユーザーが知りたい情報を、知りたい順番に配置していくの

が基本です。

　グローバルメニューの左からの順番と一致させましょう。グローバルメニューも、左からユーザーが知りたい情報を知りたい順番に配置します。

　私の会社マーケティング・トルネードにアクセスしている人がまず知りたいのは、「佐藤昌弘ってどんな人？」それから「何をして稼いでいるんだろう？　どんなコンサルメニューがあるの？　いくらするの？」ということでしょう。

　だからこそ、まず「プロフィール紹介」、次に「コンサル等・料金」の情報。

　実際、この2つのページはもっともクリック率が高いです。

　これらを順番に、トップページでは情報をチョイ出ししつつ並べていきます。

　この順番は、こちら側が見せたい情報を見せたい順に並べていくのではないことに注意してください。あくまでも、「**お客さんが知りたい情報を知りたい順に**」です。

　ホームページを訪れた人は、必ず"訪問意図"があるはずです。なんとなく見ているのではなくて、知りたいことがあるのです。

　それは何でしょうか？

　まず、すべての業種に言えることとして、お客さんは「**一般情報**」と「**比較情報**」を求めているということがあります。「一般情報」とは、商品そのものの一般的な情報で、コンサルティングなら「コンサルティングとはどういうものか、何をす

るのか」など、コンサルティングそのものについての一般的な
情報です。

「比較情報」とは、ほかと比較して何が違うのかという情報。
「ほかのコンサルティング会社と比べて、どう違うのか」「この
コンサルタント自身の強みは何か？」といったことです。

　ですから、ホームページに載せるコンテンツを考える際に
は、「一般情報」と「比較情報」のことを念頭に置いて整理し
ていきましょう。

　また、お客さんが知りたい情報は、業種によってある程度決
まっています。

　たとえば美容院。美容院を探している人は、たどり着いたホー
ムページの美容院が「行く価値のある場所かどうか」知ろう
としています。一般的に、こんな流れで見ていくでしょう。

- どんな雰囲気の美容院か？→美容院の雰囲気がわかる写真
- 何が得意なのか？→トリートメント？ 縮毛矯正？ 特別
  な機材？
- どんなヘアスタイルが得意なのか？（自分の好みに合っ
  ていそうか？）→ カットモデル
- 撮影写真集（実績写真とか）
- メニューと料金はどうか？→メニュー＆料金
- 一般的な情報→スタイリング維持に役立つトピック、似
  合うというのは何か？
- 薬剤全般への知識……など

　そして、「よさそうだからここにしよう」と思ったら、詳しい立地・アクセスや予約方法などを確認します。

　こんなふうに、お客さんがどういう流れで情報を見ていくかを予測して、並べていくわけです。いったん並べたあとは、ホームページのアクセスを解析することで、さらに精度を高めることができます。

　アクセス解析でお客さんの心理を知る方法については、またあらためてお話しします。

ファーストビューで、「あっ、期待できそう！」という気持ちにさせる

　ユーザーがホームページにたどり着いたときに、最初に目に入ってくる画面のことを「ファーストビュー」と呼びます。

　マウスを動かさず、スクロールせずに見えている画面のことです。

　ホームページでもっとも力を入れたいのはこの部分。

　ファーストビューはまさに第一印象をつくります。パッと見て「何か違うな」と思った人はすぐに立ち去ってしまいます。

　適当なイメージ写真と商品名だけ、なんていうものにしたらもったいないですよ。文章と写真によって、商品の持ち味が伝わるようにつくる必要があります。

　たとえば、名古屋にある「エヌドファイブ」という美容院のホームページのファーストビューは、「店内写真」と「ヘアカ

タログ」が一定時間で切り替わるようになっています。

● https://enudo05.jp

　お客さんがもっとも知りたいお店の雰囲気と、ロングヘアの
方々が目立つような写真配置にして見せています。

　あまりキャッチフレーズなどは配置せず、シンプルに、ビジュアルイメージで訴えたい内容を伝えようと工夫してあるファーストビューです。

　先にご紹介した「佐藤建設」さんは、デザイン性の高い住宅

の写真を、数多く見せるファーストビューになっています。

　ファーストビューの写真は一定時間で入れ替わります。どれもデザイン性の高さがよく出ている写真。一見すると「これ、住宅なの？」と目を疑うような写真まで……。

　デザイン性の高い家を建てたいと考えている人は、このファーストビューで、もうワクワクしてくるはずです。

　ファーストビューをつくるときは、お客さんの**「欲しい！」気持ちを引き出す**ことを意識しましょう。最初にアクセル全開になってもらうのです。

「こんなヘアスタイルいいなぁ、雰囲気もよさそう！」

「こんなデザインの住宅、素敵だなぁ！」

　そう思った人は情報を詳しく見ていくでしょう。

　前章のプロセス設計のなかで 、「強みを洗い出す」話をしましたね（68ページ）。その強みのなかにも、**アクセルを踏むタイプの強みとブレーキをはずすタイプの強み**があると思います。

　たとえば、「全額返金保証」とか「メンテナンス無料」といった工夫は、「欲しいけど失敗したらどうしよう」といったブレーキをはずすほうに効果的です。

　こういった、ブレーキをはずすためのコピーを最初に持ってくるよりも、ファーストビューでは、「これは期待できそう！」とか「欲しい！」と思わせる「持ち味」を出したほうがいいのです。それは文章でくどくどと表現するよりも、ビジュアルで表現したほうがいい場合も多くあります。

なんでもビジュアル重視のかっこいい
ホームページがいいわけではない

いま例に挙げた美容院や建築会社は、ビジュアル重視のファーストビューでユーザーに訴えかけていました。いっぽう、私の会社マーケティング・トルネードのファーストビューは、文章多めです。

研修講師など、パブリックスピーチの講師もしていることがわかる画像や、本を書いている人なのだなとわかるように著書の画像を入れつつ、コンサルティングの特徴・強みを文章で表現しています。

こうすることで、「このサイトを、もう少しだけ見てみようかな」と思ってもらうことができたら、ファーストビューは成功なのです。

これはファーストビューだけでなくホームページ全体に言えることですが、「ビジュアル重視」か「文字重視」かは、伝える

べき内容によって変わります。どんな業種でも「ビジュアル重視のかっこいいホームページ」がいいわけではありません。

▧ 美容院→ビジュアル重視
▧ コンサルタント→文字重視

　というのは、みんななんとなく思うことでしょう。
　それでは、これは？

▧ アレルギー体質専門の美容院
▧ 商品パッケージのネーミング・デザイン専門のコンサルタント

　アレルギー体質でパーマもカラーもできないという人のために、体質を考えたパーマ液、カラー液をそろえた専門の美容院があったとします。
　この場合、伝えるべきは、この"リクツ"の部分。商品パッケージのネーミング・デザイン専門のコンサルタントなら、「こういうデザインが得意ですよ」と文章で説明するよりもビジュアルで見せてしまったほうが早いでしょう。
　つまり、ホームページにたどり着いたお客さんが「何を期待して見ているのか」です。その期待に応えるために、どんな情報があるべきなのかを考えるのです。
　写真のほうが効果的に伝わるのか。文字のほうが効果的に伝わるのか。それとも、動画、イラスト、グラフ、図、フォントなのか……。

これらは伝え方（＝ HOW）の部分ですが、その前に、**何を伝えるか（＝ WHAT）が重要**です。

これを忘れてしまうと、うまくいっているライバル会社のホームページをマネしようとしてしまう。そして失敗します。

表面的な伝え方の部分をマネしてもダメなのです。

先ほどお見せした「エヌドファイブ」という美容院は、

- 平日夜 23 時まで営業している
- ヘアスタイルがまとまり、手入れがラクなのでロングヘアに挑戦できる
- 黒くなりすぎず、明るめの色で白髪染めができる

という強みを伝えたいと考えていました。ですから、「平日深夜 23 時まで営業」はファーストビューの真ん中、ロゴの下にちゃんと入っていますし、店内写真、ヘアカタログ写真のすぐ下に**「忙しくて諦めていたロングヘア、当店でなら叶います。白髪染めが黒すぎて嫌な方も当店なら安心です」**というコピーがあります。

同じ美容院でも、「**美容室 Powason**」は「**40 代の働く女性を 10 歳若返らせるヘアサロン**」が WHAT の部分です。

- http://www.powason.com/

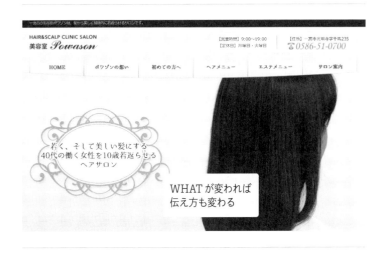

　先ほどとは、雰囲気が違いますね。WHATの部分が違うから、伝え方も変わるのです。「エヌドファイブ」も「Powason」も、どちらも合格点のファーストビューだと思います。

"WHAT"を突き止めろ！

　HOWの前にWHAT。

　WHAT（＝何を伝えるか）というのは、「お客さんが何を期待しているのか、期待に応える情報はどのようなものなのか」ということです。

　これを突き止めておかなければなりません。

　WHATを突き止めることは、「強みの洗い出し」と通じます。

　ターゲットが期待していることが「強み」になりますからね。

特徴的なことでも、ターゲットにとって興味のないもの、不要なものは「強み」にはなりません。強みの洗い出しをちゃんとやった人は、再度見直してみてください。

さて、WHAT を突き止めるために、まず考えたいのは「**お客さんにとってのメリット**」です。

何ができるようになるのか、何が手に入るのか。お客さんが自分自身ではできず、また、競合他社では何か不満なところがあるから、あなたの会社に依頼するわけです。それはあなたの会社の強みに違いありません。

ですから、こんな質問で考えてみてください。

「当社のお客様は、ライバルへスイッチせず、当社をご愛顧してくれているのは、当社のどの部分を高く評価・期待してくれているからか?」

その答えが、お客さんが期待していることであり、あなたの会社の強み。WHAT です。それは1つではないかもしれません。いくつかの要素が組み合わさっていることはよくあります。

WHAT によく含まれるものをリストにしておきますので、参考にしてください。

- もれなくもらえるモノ
- 工夫（当社ならではのさまざまな工夫）
- 実績の多さ（安心感）
- マスコミ取材歴（評判の高さ）
- 受賞歴、表彰歴、ランキング、特許、免許（よさの証明）
- 有名な人が使っている事実（高評価）
- 想い、ストーリー（共感）

　私のクライアント企業で、WHAT を突き止めてホームページを改善した結果、ライバル会社を追い抜き、売り上げ日本一になってしまったところがあります。

　本当にそういうことが起こるのです。

　どうやって突き止めたのかといえば、いまお伝えした通り「当社のお客様は、ライバルへスイッチせず、当社をご愛顧してくれているのは、当社のどの部分を高く評価・期待してくれているからか？」という質問によってです。

　これをせずに、成功しているライバル会社のホームページをマネしたところでうまくいきません。

　ライバル会社のホームページをマネしてつくって、たとえ問い合わせが増えても、成約率は下がります。

　本当の持ち味からズレたところに反応してやってきたお客さんは、「あれ？　違った」とガッカリするでしょう。

　問い合わせ対応だけ増えて売り上げは上がらないのですからマイナスですね。そういうことにならないよう、**WHAT を突き止めてから HOW を考える**ようにしてください。

　ここまでできれば、かなりいいホームページの骨格になるはずです。

　でも、まだ終わりではありません。多くの人が気を抜いてしまいがちだけれど、大事な部分が残っています。

問い合わせページを最適化する

　ホームページを見てくれた見込み客に、どういう行動を取ってもらいたいですか？

　情報を知って満足して終わり、だったら意味がありませんよね。

「問い合わせをしてほしい」「資料請求をしてほしい」「予約をしてほしい」「商品を購入してほしい」といった意図があるはずです。

　出口の部分まで、丁寧にやりましょう。

　たとえば、整体院のホームページ。

　見込み客には「予約をしてほしい」と考えています。グローバルメニューに「ご予約」というメニューがあるし、トップページにも「ご予約」ボタンがあります。

　でも、その予約ページがわかりにくかったらどうでしょう。

　ただ「問い合わせフォーム」のようなものが設置してあるだけだったら、「ここに書いて、ちゃんと予約になるのかな？　返事はどうやってくるのかな？」と不安になるのではないでしょうか。

　せっかくファーストビューで「ここに行ってみたい！」と思い、いろいろページを読んで心を決めたのに、最後の最後で気持ちが萎えてしまいます。

　予約フォームが面倒だったり、不安があったりすると、結局、お客さんはアクションをとらないまま何もなかったことになる

のです。

　それでは、予約ページ（問い合わせページ）は、どうつくったらいいでしょうか。

■ 複数の予約（問い合わせ）方法があり、それがわかりやすく書かれていること（電話、LINE、メールなどお客さんが都合や好みに合わせて選べるとよい）
■ 予約（問い合わせ）をしたら、どうなるのか明確に書かれている（電話で返事がある、確認メールが届くなど）

　これは前提ともいえるもので、さらには、この予約ページでクロージングするのだという意識を持ってつくってください。「ご予約はこちらのフォームにお願いします」なんてアッサリ書いてあるだけなんてダメ。見込み客にとってのメリットを再度伝え、「欲しい！」気持ちを思い出させてあげてください。
　最後のひと押しです。
　クドクド書く必要はありませんが、**トップページで見せたキャッチコピーを再度登場させる**などするといいでしょう。
　ホームページはランディングページと違って、複数ページで構成されています。ということは、ユーザーがどのページをどの順番で見るかわかりません。最適な順番で並べてはいても、ユーザーは自由にページ間を飛んで、好きなように見ています。

　トップページをさらっと見て、すぐに問い合わせフォームに飛んできたかもしれないし、トップページを見ずに「メニュー・

料金」や「事例」ページを見ただけかもしれません。

　ですから、どのページからでも出口につながるようにしておく必要があります。かつ、出口の部分でも見込み客にとってのメリット（WHATの部分）を再度伝えたほうがいいのです。「ほかのページに書いてあるよ」と言っても、見込み客は見ていないかもしれませんからね。

アクセス解析で
ユーザーの気持ちを知る

　最後に、アクセス解析の話をしておきたいと思います。

　ホームページは、つくりっぱなしにするのではなく、データを分析することで改善していくことができます。

　また、すでにホームページはあるけれど、本書を読んで「さっそくつくり直したい！」と思ったら、既存のホームページのアクセス解析も確認してみてください。

　アクセス解析の情報は、**お客さんの気持ちを知る大きな手がかり**になります。

　ホームページは、こちらが見せたい情報を見せたいように載せるのではなく、「お客さんが知りたい情報を知りたい順に」並べていくのが大切だという話をしましたね。

　トップページに縦に並べる順番と、グローバルメニューの左からの順番を一致させ、かつ、「お客さんの知りたい情報を知りたい順に」並べるのでした。

　そのためには、「お客さんは何を知りたいと思っているのか？」を考え、予測しなければなりません。

フォレスト出版　愛読者カード

ご購読ありがとうございます。今後の出版物の資料とさせていただきますので、下記の設問にお答えください。ご協力をお願い申し上げます。

● ご購入図書名　　「　　　　　　　　　　　　　　　　　　　」

● お買い上げ書店名「　　　　　　　　　　　　　　」書店

● お買い求めの動機は?
   1. 著者が好きだから　　　　　　2. タイトルが気に入って
   3. 装丁がよかったから　　　　　　4. 人にすすめられて
   5. 新聞・雑誌の広告で(掲載誌名　　　　　　　　　　　)
   6. その他(　　　　　　　　　　　　　　　　　　)

● ご購読されている新聞・雑誌・Webサイトは?
  (　　　　　　　　　　　　　　　　　　　　　　　　)

● よく利用するSNSは?(複数回答可)
   □ Facebook　　□ Twitter　　□ LINE　　□ その他(　　　　)

● お読みになりたい著者、テーマ等を具体的にお聞かせください。
  (　　　　　　　　　　　　　　　　　　　　　　　　)

● 本書についてのご意見・ご感想をお聞かせください。

● ご意見・ご感想をWebサイト・広告等に掲載させていただいても
よろしいでしょうか?
   □ YES　　　　□ NO　　　　□ 匿名であればYES

郵 便 は が き

１ ６ ２ - ８ ７ ９ ０

東京都新宿区揚場町2-18
白宝ビル5F

フォレスト出版株式会社
愛読者カード係

|||ıl|ı|ıl||ı||ı|ıl|ı|ı|ıl|ıl|ıl|ıl|ı|ıl|ı|ı|ılı|ı|ıl|ı||ıl|

フリガナ		年齢　　　　歳
お名前		性別 （ 男・女 ）

ご住所　〒

☎　　　（　　　）　　　FAX　　　（　　　）

ご職業	役職

ご勤務先または学校名

Eメールアドレス

メールによる新刊案内をお送り致します。ご希望されない場合は空欄のままで結構です。

フォレスト出版の情報はhttp://www.forestpub.co.jpまで!

　同時に、ホームページのアクセス解析が活用できます。データを分析すれば、お客さんの気持ちを知ることができます。

　もっともメジャーなアクセス解析ツールは「Google アナリティクス」です。

http://www.google.co.jp/intl/ja/analytics/

　Google のアカウントを取得し、Google アナリティクスに登録さえすれば無料で使えます。

- アクセス数
- 検索キーワード
- どこからたどり着いたか（アクセス元）
- 最初に訪れたページ
- 離脱したページ
- 各ページの滞在時間
- 閲覧している端末（PC、スマホなど）

などの情報を見ることができるので、お客さんがどうやってたどり着いて、どのページを見ているのかを把握することができるのです。

　よく見られているページが、グローバルメニューでいう左のほう、トップページの上のほうにきていれば正解。お客さんの知りたい順に並んでいる、ということになります。

　そうでなければ、改善を検討してください。

　また、検索キーワードは重要な手がかりです。お客さんはどんなキーワードで検索し、たどり着いているのでしょうか?

　たとえば、フォレスト出版の場合は、著者名で検索されているケースが多いことがわかります。著者について情報を探している人が、けっこうな数いるのです。それなら、著者へのインタビューや対談などと本をセットにして記事にすれば、じっくり読んでもらえるかもしれない。そんなふうに考えられます。

　また、**各キーワードの検索順位や流入数までわかる**ので、どのキーワードに力を入れればいいのかがわかります。いま検索10位のものを検索1位にできたら、アクセス数は大幅に増えることになります。

　もちろん、ユーザーの検索意図とページの内容が合っている必要があります。このキーワードで検索をしている人は、どういう情報を求めているのか? を考えて、それに合ったページをつくればいいのです。

ライバル会社のホームページも
丸裸に!?

　Googleアナリティクスは、発行された「トラッキングコード」をホームページのなかに埋め込むことにより、詳細なレポートを見ることができるようになります。レポートを見るためには管理画面にログインすることが必要で、もちろん他社からは見えません。

　ところが、URLさえ入力すれば他社サイトの情報も見ることができてしまうツールもあります。

「Ubersuggest（ウーバーサジェスト）」というツールを使ってみましょう（https://app.neilpatel.com/ja/ubersuggest/）。

ウーバーサジェストで
他社のアクセス経路が
丸見え

有料プランもありますが、無料で試すことができます。

ここに分析したいホームページURLを入れてみてください。

アクセス数や、「ユーザーがどんな検索キーワードでたどり

着いているのか」が一発でわかってしまいます。

「このライバル会社には、こういうキーワードで、これだけの人がきているんだな」とわかると、対策も立てやすくなるというもの。比較することによって自社の持ち味、強みもはっきりしてきます。

「このキーワードでは勝てなそうだ」とわかったら、そこで勝負せずに別のキーワードで上位を取りにいくというのも賢いやり方です。

第 4 章

売れるランディングページの
つくり方&マーケティング

1日で、魅力的で効果の出る ランディングページをつくる方法

　ホームページの次は、ランディングページです。

　ここでは、たった1日で「魅力的で効果の出るランディングページをつくる方法」についてお話ししましょう。

　魅力的で効果の出るランディングページって？

- 読んだ人が商品を買う、資料を請求するなど「行動を促す」ページです
- 読み手の心理にそっていて、「アクセルを踏ませる＆ブレーキをはずす」ページです
- 読み手の心理と商品にピッタリ合ったデザインで、どんどん先を読みたくなるページです

「そりゃあ、そういうページをつくりたいけど……」
「1日でつくれるわけないだろ?!」

　そんな声が聞こえてきそうです。

　そもそもランディングページとは1枚もののホームページで、商品購入や問い合わせなどの具体的なアクションをとってもらうことを目的にしているものです。

　グローバルメニューがなく、ほかに飛べるリンクはありません。

　ひたすら、ある1つの目的に向けて構成されているページなので、その意味ではシンプル。とはいえ、「この商品は、こんな特徴があるからおすすめですよ。さあ買ってください」という

だけで売れるほど簡単ではありません。

　1枚ものといっても、「欲しい！」と思ってもらうためには ある程度の長さが必要になります。

　おそらく日本一売れていると思われる、美容系の商材のラン ディングページはA4で33ページの長さ！　下にスクロールし ながらどんどん欲しくなって、ポチッとするわけです。

　こういったページをつくったことがなければ、どこから手を つけていいのやら……と思いますよね。

　そんな人が、1日で、魅力的で効果の出るランディングペー ジをつくるのは、普通は無理だと思うでしょう。でも、この本 を読んでポイントを押さえれば、できてしまいます。

　まず1つ大きなポイントは、**「あなたが全部つくるのではな い」**ということです。

　この本をお読みのあなたは、おそらく企業のWEB担当者、 マーケティング担当者、あるいは個人でネットマーケティング をする必要を感じている方でしょう。

　ということは、ランディングページの制作については、専門 の業者・クリエイターさんにお願いすることになりますよね。

　あなた自身は発注者です。

　あなたは、発注者として、必要なことをすればいいのです。

　その「必要なこと」は1日でできる、という意味なんです。

　ランディングページを発注するときに必要なこととは……。

■ **効果の出るランディングページのシナリオをつくる**
■ **制作者を選び、ポイントを押さえて正しく発注する**

この２つだけです。

　ここでちょっと、私が関わったランディングページをご覧ください。

車を高く売るなら！—自動車フリマ（車の個人売買）。カババ

● www.car-byebuy.com

　中古車フリーマーケットの「カババ」さんのランディングページです。

　中古車を個人売買する仲介サイトなのですが、プロの手による査定から納車・アフターサービスまで、びっくりするほど安

い手数料で、個人売買が可能なサービスです。

　しかし、サービス開始したばかりなので認知度が低いのと、あまりにも手数料がかからないために怪しまれることもあってか、最初は顧客が増えるスピードがゆるやかでした（現在は、ものすごい勢いで売買が進んでいますが）。

　その当時、私がシナリオをつくり、制作者さんに発注をし、やり取りをして完成させました。

　このシナリオづくりにかけた時間は半日（制作自体には日数がかかります）。実際に効果を上げています。コンバージョン率も高く、成功ページだと思います。

　なぜ、そんなに早く、効果の高いランディングページができるかといえば、**正しい手順を踏んでつくっている**からです。年間数億円規模の通販会社であろうと、正しい手順でつくらなければ効果は期待できません。

　そして、もう1つ大事なのは**ランディングページを制作してくれる業者・クリエイターさんに正しく依頼をすること。**

　シナリオ自体がよくても、制作者とのコミュニケーションがうまくいかなければ、残念な仕上がりに……。

　結局、効果も出にくいということになります。

　そこで、ここでは、

■ よいランディングページをつくるための5つのステップ
■ 効果の出るランディングページのテンプレート
■ ランディングページ制作者を選ぶときのはずせないポイント
■ ランディングページの正しい発注の仕方（具体的な発注

についてご紹介します。

さっそく、ランディングページをつくるステップについてご説明します。

まったく初めてで何をどうしていいかわからない人も、順番にやっていけばできますのでご安心を。

効果的なランディングページのつくり方 ステップ1【ページの目的を確認】

そもそもランディングページとは、見込み客にある1つのアクションをとってもらうためにつくるものです。

このページを読んだ人に何をしてほしいのか明確にしたうえで、そのために必要な情報を並べていくことになります。

ですから、当たり前ですが、最初に目的を確認しておきましょう。

たとえば先ほどのカババさんの事例であれば、「**自分の車を売るために、必要な個人情報を入力してエントリーを完了させること**」ということです。

このときの考え方としては、「お客様に何をしてほしいか？」と考えることも大事ですが、「**お客様は何をしたがるだろうか？**」と考えることも大事です。

そのためにも、「このランディングページにたどり着いた顧客の意図・目的は何か？」ということをしっかり考える必要があります。

効果的なランディングページのつくり方
ステップ２【悩みを調査する】

目的をはっきりさせたら、見込み客の悩みを調べます。

すでに「見込み客に刺さるキーワードリストのつくり方」で
お話ししたことですが、復習としてもう１回やってみましょ
う。わかっているよ！ という方は飛ばしてください。

たとえば、「優れたランディングページのつくり方セミナー」
を開催するとして、そのセミナー案内ページを制作したいとし
ます。

まず Google で「ランディングページのつくり方を知りたい」
と検索をします。

見込み客がそんな行動をするかどうかは別として、ひとまず
Google で、「〜したい」と乱暴に調べれば OK。

そして表示された１ページ目をざっと見て、キーワードを抜
き出していきます。

たとえば、こんなリストができます。

- 良い LP（ランディングページ）
- WEB 担当者
- 知識
- つくり方
- 手順
- 質の高い情報
- 魅力的で買わずにいられない
- 効果を上げる

- 何が言いたいのかわからないのは駄目
- たった1時間
- デザイン
- クリックしたい
- ペルソナ
- アピール
- 低コスト
- 売り上げアップ
- 基礎
- テンプレート

　このキーワードリストを横に置きながら、ランディングページに何を書くか考えていきます。

効果的なランディングページのつくり方 ステップ3【テンプレートに当てはめる】

　効果が出るランディングページには、そのメッセージの出し方に一定のルールがあります。言いたいことを言いたいように伝えるのではなく、読み手の心理に沿い、かつ、行動につながるような順番で伝えていくのが大事。

　ランディングページはチラシと違って「**読む順番をコントロールできる**」というのが特徴なのです。

　メッセージを伝える順番が正しければ効果が上がるし、順番を間違えると効果が出にくいと考えてください。

　基本的なルールは以下のようなものです。

■ファーストビュー部分

※アクセルを踏む情報をたっぷり提供する。しかし、ここ
　だけで全部はわからない。

　読み手の頭に「？？？」が浮かぶ内容で、先を見たくな
　るようにする。

■導入

　いまからお話しするのは、こういう人が（これが）、こ
　うなるという話です。

■期待値を上げる

※導入を進めて、期待値を上げる。

　読み手は「そうなったらいいけど……ホントかなぁ」っ
　て思う。

■一般論の解説

※そもそも、○○とは……と解説を入れて、信用度を高め
　る。

※「一般にはこう思われていますが、実は違います」。い
　わゆる常識をひっくり返す。ただしエレガントに。「驚
　愕の事実！」などと下品にやるのは、いまの時代流行り
　ません。

■提案紹介部分（商品売り込み開始）

　そこで、この商品を紹介したいのです。

■上記商品のよさアピール部分
※商品のウリをアピール、再確認。

■販売者（売っている会社）のアピール部分
※商品を販売している人、会社の信頼度を高める情報。実
　績やプロフィールなど。

■価格提示部分
　価格は○円です。

■ブレーキから足を離す情報
※返金保証やアフターサービスなど、「欲しいけど……」
　とブレーキを踏んでしまう人のブレーキを取り払うため
　の情報で背中を押す。

■コンバージョン用アクション
※「いますぐご注文ください」など読み手に行動を促す。
　商品購入や資料請求のボタン。

■よくあるＱ＆Ａ
　ランディングページのルールはいくつかありますが、上
　の必勝パターンを１つ知っているだけでも十分に通用す
　ると思います。

　これに、箇条書きでもいいので文章を当てはめていってくだ
さい。

書きやすいところから埋めていって、「ファーストビュー部分」は、最後に考えるといいでしょう。「ファーストビュー部分」はもっとも重要であり、全体にフィットしていなければならないからです。

いきなりここから書き始めようとすると、材料が足りず、行き詰まってしまうことがよくあります。シナリオ全体が見えてきてからバシッとハマる情報を入れるようにしましょう。

この部分には何を書けばいいの？ と思ったら……

テンプレートのなかで、何を書いていいかわからない箇所があったら、ほかのランディングページを参考にしてみてください。

例で挙げたカババさんのページ

https://www.car-byebuy.com/Trade/AppealPoints/Sell

「正しい社員の辞めさせ方」教材販売のページ（著者の会社）

https://www.marketingtornado.co.jp/support-menu/kyozai-hanbai/tadashii-yamesasekata/

ほかにも、いくつかランディングページを見てみるとさらにイメージがつきやすいと思います。

そして、シナリオを短時間で仕上げるコツは、

「20点でいいから全体を書く→加筆修正して40点にする→さらに加筆修正して60点にする」というように、ラフに書いて

は加筆修正を何回か繰り返すことです。

　ランディングページに完璧はありません。

　だから最初から完璧なものをつくろうとすると、考え込んでしまって先に進まないことが多いもの。いったん20点でもいいと思って書いてしまいましょう。

　彫刻を彫るようなイメージで、まずは、だいたいの形をつくり、細かいところを仕上げていくのです。

担当者はシナリオの
テキストファイルをつくればOK

　ランディングページのシナリオができたら、制作してくれる人に依頼します。

　その際のシナリオってどの程度のものができていればいいの？　と不安かもしれませんね。基本的にテキストファイルだけでOKです。

　キャッチコピー・見出しの部分は強調するなどしてわかるようにしておきます。フォントや色など、デザインとレイアウトは、指示の出し方がわからなければ、いったんプロにお任せしたってかまいません。

　私がつくった、カババさんのランディングページシナリオの一部をお見せするとこんな感じです（かなり生々しいので、感じだけで）。

LP②カババ簡単出品編.txt - メモ帳

ファイル(F)　編集(E)　書式(O)　表示(V)　ヘルプ(H)
②超簡単出品、しかも全て無料の「シナリオ」

◆超安心、プロに任せる自動車フリーマーケット（カー売買／car b

◆法人・個人を問わず、車を売る時の不満ありませんか？
　・私の車に、その査定額、安くない？と思っている方いませんか。
　　特別仕様車、プレミア価値、メンテナンスの有無など、査定額に
　　売りたいけど、それじゃ売りたくなくなってしまう、そんな方

　・車を複数台持っていて、今すぐ売らなくても良いけど、良い値段

　・昔から新車で買って、1回目か、2回目の車検で売ってしま？
　　車は傷んでいないし、とても程度は良いはずなのに、新車価格と

　・車のメンテナンス・程度の良さに自信ある。
　　車の内装、外装、程度、こまめにメンテナンスしてきたし、程度

　　⇒車の価値が全て伝わる「カババ」なら、車にお金を掛けた分か

◆なぜ高く売れる？　どんなサービスなの？

　「かばば」は、クルマを売りたい人と買いたい人をマッチングしま
　中間マージンが圧倒的に安いため、高く売れるのです。

　でも、不安・疑問もありますよね？

　例えば、個人間の売買だと、なんだか不安・怖いという方もいます
　・名義変更をしっかり…
　・相手に車を引き…

このあともやり取りが続くが、
指示は徹底的にすること

効果的なランディングページのつくり方
ステップ4【ランディングページ制作者を選ぶ】

シナリオのテキストファイルができたら、制作者に依頼するわけですが、誰にお願いするのがいいでしょうか。

予算やデザインの好みなどの関係もありますが、はずせないポイントは、「細かい修正にもきちんと対応をしてくれる」こと。

制作者によって「修正は1回のみ」などと制約をつけ、その代わりに金額を抑えているという場合があります。はっきり言って、それは無理。

シナリオのテキストファイルを送っただけで、効果が期待できるほど理想に近いページができることはまずないと思っておいたほうがいいです。

そもそも発注する側も、デザインに精通していなければ「理想」もまだ見えていないはず。でも、一度デザインしてもらえれば「ここをもっとこうしたい」という希望が出てくるものです。それによってチューニングしていきます。

「何度も修正をお願いするのは申し訳ないな」という気持ちになるかもしれませんが、適当に妥協するのではなく、よりよいものをつくるためには修正は当たり前だという気持ちで進めましょう（そのことも発注する前に伝えておくべきです）。

また、同時に複数のパターンを提案してくれる制作会社もあると思いますが、それよりも、1つのパターンでいいので修正に応じてくれるほうがいいものができます。

ランディングページを得意としている業者やフリーのクリエイターはたくさんいます。おつき合いのある業者があればそこ

にお願いすればいいし、とくになければ「ランサーズ」や「ク
ラウドワークス」を使ってフリーのクリエイターに発注してみ
ましょう。

◉ ランサーズ
　https://www.lancers.jp/
◉ クラウドワークス
　https://crowdworks.jp/

効果的なランディングページのつくり方 ステップ5【条件等を明確にして発注する】

　効果の高いランディングページを短期間で完成させるには、
発注者と制作者のコミュニケーションがとても大事です。
　実は、「ランディングページをつくったものの、全然コンバ
ージョンしない」という一番の失敗の原因は、**発注者と制作者
のコミュニケーション不足**。発注者は発注者で「こういう商品
を売りたいので、ランディングページをいい感じにつくってく
ださい」と丸投げ。
　制作者も、ろくにヒアリングせずに「わかりました」と言っ
てつくる。
「修正は1回」ということで、気になるところをちょこっと直
してリリース。

　あれ？……成果が出ない……。
　当たり前です。そんなランディングページで商品が売れるほ

ど甘くありません。

ステップ4では、丁寧に修正に応じてくれる制作者を選ぶべし、という話をしましたが、同時に、こちらの意図や条件をきちんと伝えなくてはなりません。

たとえば、「**場合によっては4〜5回の修正・調整に応じていただける方**」というのも条件の1つになります。これを最初に明確にしたうえで依頼すれば、のちのちトラブルになることもなくスムーズです。

ランサーズなどのクラウドソーシングサイトで制作者を選ぶ場合は、以下のような文面で募集するといいでしょう。

○○のLP制作

弊社は○○を扱う○○の会社です。
ホームページURL

ホームページのなかでも紹介していますが、より○○に特化したランディングページを制作したいと考えています。弊社でキャッチコピーや文章部分（シナリオ）は作成しました。ご契約いただいた方にはこのシナリオをお渡ししますので、適切なデザインとレイアウトで制作をしていただきたいと思います。

もしご興味があれば、下記の募集詳細をお読みいただき、ぜひご提案をお待ちしています。

◆ 応募条件

- LPのシナリオとしてテキストファイルをお渡しするので、そのシナリオに合うデザインやレイアウトをご提案くださる方
- LPの制作実績がある方
- 一度制作したLPに修正を依頼させていただくことが複数回あっても、ご対応いただける方
- デザインに自信のある方
- やる気を感じる方
- スピード感のある方
- 弊社からの連絡や依頼に、適切に対応していただける方
- 守秘義務が守れる方
- 必要な写真素材などもご用意します。購入の必要がある場合、その購入費用も別途お支払いしますのでご相談ください。

◆ 納期と納品いただく形式

- 納期は発注後〇日
- 形式はHTML／CSS形式

◆ 報酬

予算は〇円〜〇円で考えていますが、実績やご提案内容によってはこの限りではありません。

条件等をよくお読みいただいたうえで、お見積額をご提示ください。

とくに、修正依頼は複数回ある前提でお考えください。よりよい LP をつくるために、調整を行うのは必須だと考えております。

◆ 応募から発注までの流れ

〈応募／ご提案〉

1．下記の内容を必ずご提示ください。
    ▪ 簡単な自己紹介（経歴やこれまでの実績等）
    ▪ 過去の制作例

2．ご応募いただいた内容を参考に、正式にご依頼を決定します。

3．納品期日を相談させていただき、納品ください。

4．修正を依頼したい箇所についてやりとりさせていただきます。

5．修正対応をしていただき、校了後に納品。

◆ 注意点

■第三者の著作権の侵害はしないでください。

不明点や質問などあれば気軽にご相談ください。
一緒にお仕事をするのを楽しみにしつつ、ご応募お待ちし
ております。

以上

これで5つのステップは終了です。

あとは、制作者さんがつくってくれたランディングページを
見て、「もっとこうしたい」というものを見つけて調整してい
きます。

■重要なキーワードをもっと目立たせたい
■もっと画像を入れてわかりやすくしたい
■追加したいアピールポイントが見つかった

などなど、ビジュアルとして見てみることでわかることが出
てくることでしょう。それを遠慮せずに伝えて、修正をしてい
くことが大事です。

もっと効果アップ！
プロが教える、ランディングページのワザ

　企業の WEB 担当者、もしくは個人がランディングページをつくって売り上げを上げるなどの効果を出したい場合、5つのステップ通りにやってもらえれば OK。

　業者に丸投げするより、ずっとコンバージョン率の高いページができます。

　とにかく丸投げはダメ。

　商品や会社の特徴、そして顧客のニーズや心境、そうしたことをよく理解していないと、しっかりしたランディングページの設計は難しいのです。それが本当にわかっているのは、企業の担当者さんです。だからこそ丸投げはダメ。

　コストはかかるのに、売り上げにつながらず「助けてください」と私のところへ来る人がいかに多いか……。

　でも、（自分はランディングページのことをよくわからないので）プロにお任せしたほうが、いいページができるのでは……と思う人もいるかもしれませんね。

　いえいえ、ちょっと待ってください。

　繰り返しになりますが、制作業者やクリエイターは「デザインやレイアウトのプロ」であって、**あなたの商品・お客さんを一番よく知っているのは"あなた"**です。

　その部分においては、あなたのほうがプロです。伝えるべきことを洗い出し、文章化してしっかり伝えなければなりません。

　本質的な部分について「プロに頼みたい」という場合のプロ

とは、私のようなコンサルタントです。もしくは、コンサル機能を持った制作会社です。しかも「頼みたい」ではなく「相談して決めていきたい」のほうが適切だと思います。

これまで数え切れないほど、ランディングページのアドバイスや添削をしてきました。クライアントさんの状況を聞きながら、シナリオをつくり、制作会社さんとやり取りをすることも多くあります。

私がランディングページにテコ入れしたことで、効果が1000倍になったケースもありました（さすがにビックリ）。

しかしそれも、担当者さんと必死で考え抜いてつくったからできたのです。

当然ながら、私1人では絶対に無理です。そんなわけで、大量にランディングページに関わり、効果を測定してきた経験から、「もっと効果を上げるためのワザ」を紹介していきたいと思います。ちょっとした小ネタから、超重要な考え方まであります。

「ネガネガ」より「ポジポジ」で 期待感を盛り上げる

ランディングページに載せる文章は、経験則上「ネガネガ」より「ポジティブ」のほうが効果は高いです。

ネガネガとは、ネガティブな言葉を否定すること。

たとえば「失敗しない」がそうです。これを「ポジティブ」に言い換えれば「成功する」。似ているようですが、印象は全然違いますね。

期待感が出るのは「成功する」のほうです。「リストラされ

ないための〜」よりも「思い通りのキャリアを築くための〜」のほうが、反応がいいということです。

とくにランディングページのキャッチコピーや見出しで大き目に打ち出す文章は、ポジティブにして期待感を盛り上げるほうが成績がよいことが多いのです。

強い言葉で釣るのではなく、期待感を盛り上げる

「家はまだ建てるな！」
「信じられますか？　奇跡の〇〇！」
「このままでは〇〇が危ない！」

一時期、こんなキャッチコピーが流行っていたことがありました。強い言葉で「釣る」ようにしたり、読み手の恐怖をあおったりというコピーです。

いまランディングページでこれをやっても、多くは鼻で笑われるだけ。残念ながら効果は期待できないと思います。

消費者がこういった広告に慣れてしまい、強い言葉というだけでは反応しませんし、「またか」とか「古いな」と思われるのがオチです。

強い言葉で釣ろうとするのではなく、**あくまでも見込み客の「本当？　すごい！　見たい！　知りたい！　欲しい！」を刺激**するようにしましょう。そのため、顧客の期待感を盛り上げて、アクセル全開にする。そのためのターゲティング〜キーワード

リストづくりを、これまでお話ししてきたわけです。

　ダイレクトレスポンスマーケティングの知識をかじっている人は、強いコピーを書きたくなるかもしれませんが要注意です。

そのキャッチコピー、「息を止めると 苦しい」系になっていないか？

　強い言葉で釣ろうとするキャッチコピーは時代遅れですが、かといって「当たり前のことを言っている」キャッチコピーもダメです。

　たとえば、こんなキャッチコピー。

「洗濯洗剤でお肌は変わる」

　これ、「息を止めると苦しい」って言っているのと何が違うのでしょうか。

　洗剤でお肌は変わる。おそらくよい洗剤を使えばよい肌になる、弊社の商品はよい洗剤なので、あなたの肌はよくなりますよ、というメッセージを、コピーライターっぽく書いてみたという感じでしょうか。

　しかし、これを見た人は「そりゃそうでしょう」と思うだけ。当たり前のことをいっているからです。

　「息を止めると苦しい」といっているのと同じだと思うのです。

　「そりゃあ、そうでしょう」と思うだけで、「欲しい！」という気持ちは起こりません。

「飲む水を変えれば、人生が変わる」
「ファッションを変えれば、印象が変わる」
「ヘアスタイルは、印象を変える」

　よく見るキャッチコピーなのですが、「そりゃそうでしょ」というコピーです。

　実は、こういった「息を止めると苦しい」系のコピーが多いのです。

　消費者は洗濯洗剤に何を求めているのか？　というと、やはり「きれいに洗える」「汚れが落ちる」ということでしょう。

　敏感肌のアトピーなどで困っている方以外は、環境にいいとか肌にやさしいだけでは、消費者は買いません。

　もっと直接的なメリットをうたうべきなのです（もちろん、敏感肌専用の洗剤であれば、肌にやさしいことがメリットになります）。

「洗濯槽が汚れるのはおかしい！　当社の洗剤は洗濯槽も汚れない！」のように、まずは消費者のメリットを伝え、それから、肌にやさしく、環境にもいいといった内容を伝えていきます。

　キャッチコピーは、お客さんのメリットを謳い、アクセル全開にするもの。当たり前のことを当たり前にいっているコピーになっていないか、チェックしましょう。

見込み客の意図は？
ランディングページは文脈が大事

いまからお話しすることは、ものすごく重要なのですが、意識できている人があまりいません。

ランディングページの「ランディング」とは、「着地する」という意味です。

見込み客を引っぱってきて、着地させるページなのです。離れ小島のように、ただそこにあっても意味はありません。

では、見込み客はどうやってランディングページにたどり着くのでしょうか。

そもそもランディングページは、PPC広告とともに発展してきました。PPC広告とはPay Per Click、つまり、クリック課金型の広告のことです。

Googleで何か検索をしたときに、そのキーワードに関連した広告が表示されますよね。PPC広告は、表示されただけでは課金されず、クリックされたときに課金されます。

たとえば「PPC広告　費用」と検索してみると、広告が表示されました。こんなふうに「広告」と明示されています（次ページ参照）。

ただ、表示された回数を「インプレッション数」と言いますが、当然ながらインプレッション数が多ければいいわけではなく、実際に広告をクリックしてもらう必要がありますし、クリックしてもらったらなるべく買ってほしいわけです。

PPC 広告の費用は
クリック数と成約数
がカギ

　クリックされるばかりで成約しなければ広告費が積み上がる
ばかりですからね。PPC 広告が出たことにより、

> ▮ **クリックさせるノウハウ**
> ▮ **クリックしたら、買ってもらうノウハウ**

　が必要になったのです。後者の「**クリックしたら、買っても
らうノウハウ**」がランディングページです。
　PPC 広告にしろ、SEO にしろ、何らかの検索をしてたどり着
いたのであれば、「検索の意図」があるはずです。その意図から

ズレていると、いかにいいランディングページであっても成約率が下がります。

つまり、ランディングページは**「文脈が大事」**なのです。

たとえば「富山県　デザイン　注文住宅」というキーワードで検索している人は、富山県でデザイン性の高い注文住宅を探しているか、もしくは建ててくれる工務店を探していると想像できます。

そこに表示された広告が、「富山県でデザイン性の高いおしゃれな家を建てたいなら〜」といったものならクリックしたくなります。

ところが、クリックしてたどり着いたランディングページが、全国展開をしている企業で「富山県」の文字がなく、おしゃれさより「リーズナブル」とか「家づくりの疑問をネットで解決できます」なんていうウリを全面に出していたとしたらどうでしょう。

チッと舌打ちして、即、離脱です。「なんだこれ、変な広告クリックしちゃった」ってなもんです。

これでは、いかにいいランディングページができていても効果が上がりません。

つまり、もし**「富山県でデザイン性の高いおしゃれな家を建てたいなら〜」という広告を出したいなら、その広告を見て、クリックする人の期待に応えるようなランディングページをつくるべきなのです。**

たとえば、「そうそう！　こういう家がいい！」と思ってしまうような、おしゃれな家が目に飛び込んでこなければなりませ

ん。

「家づくりの疑問をネットで解決する 100 連発！」というラン
ディングページでいくなら、「新築　後悔」などの検索キーワ
ードに広告を出すべきなのです。

　こういった「検索キーワード」と「ランディングページ」の
文脈のズレは、実はめちゃくちゃ多いです。残念ながら文脈に
合っているほうが少ないのではないかなと感じています。

　あるキーワードに対して広告がたくさん表示されていたとし
ても、そのなかで本当に文脈に合っていて、だからこそ成約す
るページはほんのひと握りです。

　はっきりいって、みんな全然できていません。

「PPC　運用代行」という検索キーワードで表示された広告か
ら、何社か PPC 広告の運用代行会社のランディングページを
見てみればわかります。

　もちろん、"医者の不養生" という言葉があるように、プロ
だからこそ自分の会社の広告は手抜きをしてしまうことも多く
ありますから、一概にレベルが低いとはいえません。

　しかし、（さすがに全体的にはうまくできているものの）ツッ
コミどころが少なからず見つけられるはずです。

　ぜひ、「ランディングページのクリック前から続く文脈」を
意識してみてください。それだけでも頭ひとつ抜きん出ること
ができるでしょう。

　なお、中古車フリーマーケットの「カババ」さんのランディ
ングページは、カババさんの YouTube やホームページからた
どり着く設計です。

「中古車フリーマーケット」であることをすでに知っている人が、「出品してみたいから、もっと詳しく知りたい」という意図でサイト上の「売りたい」ページにくるので、ファーストビュー部分に「フリーマーケット」の打ち出しがありません。

これがもし、「中古車　売りたい」というような検索キーワードからランディングしてきてもらうなら、見せ方を変える必要があるでしょう。そのときには、

文脈を意識して
つくられた
ランディングページ

このようなページのほうが、よりフリーマーケットであることが一発で伝わり、わかりやすいランディングページといえます。

成功しているランディングページを参考にしようと思っても、ページ単体を見ているだけでは不十分です。見込み客がどうやってたどり着いているのか。どんな意図を持って、このランディングページを見ているのか。その部分も意識する必要があるのです。

第5章

文脈から広告を出す
効果的なマーケティング法

リスティング広告、データフィード広告……。
まずは押さえたい、検索連動型広告の考え方

　ここではランディングページやホームページにつなげるための広告についての話をしたいと思います。「検索」に関連する広告の話です。

　まず、ざっと用語の確認をしてしまいましょう。
「リスティング広告」や「PPC広告」「データフィード広告」など、聞いたことはあってもイマイチ理解できていないという方は、言葉の意味に引っかかって先に進めないかもしれません。
　一度覚えてしまえば簡単ですので、読んでみてください。用語の意味はわかっているという方は飛ばしてください。

◉ リスティング広告

　GoogleやYahoo!などの検索エンジンで検索をしたときに、検索キーワードに関連して表示されるテキスト形式の広告のこと（正確には、過去に閲覧したものの履歴や、その人の属性に合わせた「コンテンツ連動型」の「ディスプレイ広告」も含みますが、ここでお話しするリスティング広告とは、検索連動型のテキスト広告だと思ってもらって差し支えありません）。

　こういうのです（次ページ）。

リスティング広告　費用　　　　　　　　　　　　×　🎤　🔍

🔍 すべて　🖼 画像　📰 ニュース　▶ 動画　◎ 地図　⋮ もっと見る　　　設定　ツール

約 1,240,000 件（0.37 秒）

[広告] promotionalads.yahoo.co.jp/期間限定の/キャンペーン ▼
【公式】ヤフー広告 - 低予算から始められる
まるっと0円サポート実施中！さらに今なら3万円分の広告料金プレゼント。始めるなら今がチャンス。日本最大級のメディア Yahoo! JAPANに広告を出してサイトにお客様を集め...

　よくある質問
　知りたい内容がすぐわかる 質問内容が検索できる

　初期設定サービス
　初期設定サービスを無料で代行します はじめての広告作成をサポート

　広告のお申し込み
　簡単3ステップ 簡単な情報を入力して申し込み

[広告] www.union-company.jp/ ▼　0120-679-026
【無料相談】リスティング広告 - 5年以上の運用経験者が電話対応
最小限のコストで最大限の成果を実現！最先端のリスティング広告代行/継続率95%達成
　📞 お問い合わせ - アカウント構築・ページ改善無料

[広告] www.rincrew.jp/リスティング広告代理店 ▼　0120-389-000
気になるリスティング広告の費用 - 3期連続7000社中TOP10の...
継続率98%の圧倒的実績《今ならバナー制作・アカウント診断無料》業界別専門チーム制

◉ データフィード広告（ショッピング広告）

　商品情報を「データフィード」という仕組みで、複数の広告配信媒体に合わせたフォーマットに変換して表示する広告のこと。Google で検索をしたときに、画像とともに販売サイトの広告が並んでいるのがそれ。Google ではショッピング広告ともいいます。

こういうのです。

www.asus.com › Laptops › For-Home › All-series ▾
ノートパソコン ノートパソコン - 全シリーズ | ASUS 日本
ZenBook. ASUS ZenBookシリーズは、可能性に満ちたあなたの創造性を解き放つ最高のノート
パソコンです。先進的なパフォーマンスと洗練された美しいデザインが、あなたの感性を刺激
し、想像を形にする創造力を生み出します。詳しくは …
ZenBook · ASUS PRO シリーズ · ASUS E210 · ASUS Chromebook C423

◉ PPC 広告

Pay Per Click 広告の略で、クリック課金型広告のこと。広告が表示されるだけでは課金されず、クリックされた回数に応じて課金される。リスティング広告や、データフィード広告もPPC 広告の一種ですが、用語上 PPC 広告はすべてのクリック

課金型広告のことを指します。

　それではさっそく、一番重要な文脈の話です。

　たとえば、このランディングページに誘導するため、リスティング広告を出したいとします。

https://www.marketingtornado.co.jp/support-menu/kyozai-hanbai/bonjin-salestalk/

　私の著書『凡人が最強営業マンに変わる魔法のセールストーク』（日本実業出版社）の教材販売ページです。

見込み客が検索しそうなキーワード「営業　ロールプレイング　コツ」に対して、こんな広告を考えたとしましょう。

　Google 検索をしたときに、検索結果に表示させ、クリックされたら課金されるという仕組みです（PPC 広告）。

〈広告〉
営業トークベストセラー本が教材化されました。
Amazon 総合 1 位、13 万部超のベストセラー『凡人が最強営業マンに変わる魔法のセールストーク』が教材化。
営業トークの実演を見て、セールストークのコツがわかる。

　さて、これは文脈的にいって正解でしょうか、不正解でしょうか？

　これは不正解です。

　おそらくクリックはされますが、1 ％程度です。1000 回表示されて 10 件のクリックがあればいいところで、実際の教材販売実績はゼロだと予想されます。そんなところです。

　この理由が答えられたら、あなたの広告はうまくいくでしょう。「まったくわからない」「なんとなく不正解だと思ったけど、理由が答えられない」という人は、先を読んでください。

　さて、最初に考えなければならないのは、「検索意図」です。「営業　ロールプレイング　コツ」と検索している人の意図は何でしょうか。

　もちろん「営業のロールプレイングのコツ」を知りたいわけですが、「コツ」と入れている時点で、「無料の情報を探してい

る」可能性が高いと推察されます。

　これがもし、「営業　ロールプレイング　研修」とか「営業　ロールプレイング　本」とか、「営業　ロールプレイング　専門家」などという有料であることを前提とした言葉で検索しているとしたら、話は別です。

　しかし、「営業　ロールプレイング　コツ」という言葉は、有料・無料の区別がつきません。インターネット上の通例からいえば、無料の情報を探している可能性のほうが高い。それなのに、いきなり教材の説明をされて買いたい気持ちになるか疑問です。こういったことは、実はGoogleの検索結果を見ればわかります。

お客さんが検索する
意図を考える

検索結果に上位表示されているのは、「あなたが探しているのはこれですよね」と Google がピックアップしたサイトです。過去のデータからクリック率の高いもの、満足度の高いものを持ってきているわけです。

「営業　ロールプレイング　コツ」と検索してみると、1ページ目には有料のものは1つも出てきていません。ですから、ここに教材の広告を出しても成果が上がらないと予想したのです。

　また、「ロールプレイング」というワードに対して、Google は「営業トーク」に関連するものを表示させたりしていません。すべて「ロールプレイング（ロープレ）」についてのページが出てきています。

　つまり、先ほどの広告「営業トークベストセラー本が教材化されました」は、「営業ロールプレイングのベストセラーが教材化」ならまだしも、「営業トーク」と書いてある段階で間違っているし、「教材化」の部分でも正しくないといえるわけです。

　結果として、検索している人の意図に合っていないために、

■ **そもそも、広告のクリック率が低い**
■ **広告はクリックされても、成約しない**

という残念な結果になってしまうわけです。

　ちなみに、「営業　ロールプレイング　コツ」のキーワードで検索している人の意図は何でしょうか？

■ **営業のロールプレイングの仕組みそのものを知りたい**
■ **営業のロールプレイングのノウハウを知りたい**

- 営業のロールプレイングの始め方を知りたい
- 営業のロールプレイングを実際にやっている様子を見たい
- 営業のロールプレイングを教えてくれる会社を知りたい
- 営業のロールプレイングに参加させる営業マンのモチベーション UP についても知れたらなお良い

このように多岐にわたります。これも Google の検索結果を見るとわかります。

多岐にわたっているために、さまざまな意図が考えられ、Google は、ロールプレイングの動画や研修会社などを含めて表示しているわけです。

このように検索する人の意図が広範囲にわたるようなキーワードを「ビッグワード」といいます（相対的な尺度なので、厳密な線引ラインはありません）。

ビッグワードであればあるほど、検索されるボリュームは多いですが、検索意図が絞り込めません。そういう理由で、ビッグワードで広告を出すのは効率が悪いというわけなのです。クリックした先のページがどんなによくできていても、意図に合わなければすぐに閉じられてしまいます。

うまくいかない広告の解決策は？

さて、先ほどの広告「営業トークベストセラー本が教材化されました」がうまくいかないという問題を解決するにはどうしたらいいでしょうか。

解決策の１つ目は、広告を表示させるキーワードを「営業
ロールプレイング　教材」とすること。

　このキーワードなら、検索している人の意図に合った広告、
ランディングページなのでうまくいくでしょう。

　解決策の２つ目は、「ランディングページのシナリオを変え
ること」。
「営業　ロールプレイング　コツ」というキーワードで求められ
ているコンテンツをランディングページのなかに仕込みつつ、
教材に誘導するシナリオにします。

　たとえば、ランディングページのタイトルを「営業のロール
プレイングのコツを徹底解説」のようにして、そもそもロール
プレイングとはどんなものかという話から、「３人でやるとい
い」とか「動画撮影しながらやろう」など具体的にコツを解説
します。そのあとに「ただし、セールスの内容そのものがよく
なければ、どんなに練習しても成果を上げられません。……そ
こで、営業トークについても学ぶ必要があります。参考までに、
弊社にも営業トークの教材があるのでご検討ください」という
流れにするのです。

　これなら意図に沿っていますから、教材販売に結びつく可能
性は上がります。

　リスティング広告を例にお話ししてきましたが、この考え方
はデータフィード広告も同じです。

　たとえば、「電動キックボードBUNNY」。この販売サイトに
誘導する場合、「電動キックボード」というキーワードには表示

次世代折り畳み式電動キックボード BUNNY

https://micro-engine.com/product/bunny/

させますが、BUNNY で公道を走ることはできないため「電動
キックボード　通勤」といったキーワードに対しては表示させ
ないほうがトータルのコストパフォーマンスはよくなるでしょ
う。

ページを訪れてから「なーんだ、公道を走れないならダメだ」とガッカリされないよう、広告文のなかにも【公道不可】と明記しています。

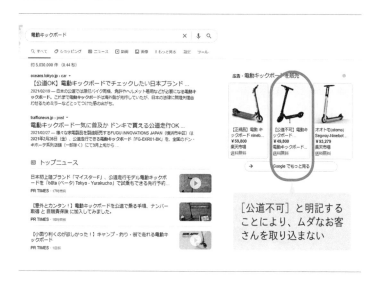

［公道不可］と明記することにより、ムダなお客さんを取り込まない

データフィード広告が向いている商品とは？

　電動キックボードの BUNNY が、リスティング広告ではなくデータフィード広告を出しているのは、もちろん理由があります。

「キックボード」という商品の特性上、最初から画像を見せたほうがクリックされやすいからです。

　そもそも、データフィード広告には「物販」が向いています。かつ、「見た目に特徴がある商品」です。

　キックボードのような玩具や家具、洋服、ファッション小物など、魅力的な写真で売れる商品なら、試してみるといいでしょう。

　物販であっても、見た目に特徴がない、知名度が低いという場合は、広告写真が並ぶなかで選んでもらいにくいのでおすすめしません。

リスティング広告、データフィード広告を出稿する

　リスティング広告、データフィード広告の出し方自体は難しくありません。広告出稿用のサイトにアクセスして、流れにそって入力していけば OK です。

■ 広告出稿の流れ

1. アカウント登録
⬇
2. 広告文を作成
⬇
3. キーワードを設定
⬇
4. 予算を設定

● リスティング広告

▪ Google 広告
https://ads.google.com/home/

‣ Yahoo! 広告

https://promotionalads.yahoo.co.jp/

● データフィード広告

‣ Google ショッピング広告

https://ads.google.com/home/campaigns/shopping-ads/

　広告出稿の仕方で迷ったら、各媒体の問い合わせフォーム
（電話）から問い合わせすることができますし、広告出稿の仕
方を解説している動画などもありますので見てみてください。
　すでにお話しした通り、これらはクリックされると課金され
るタイプの広告ですので、一気に広告費をドーンと支払うわけ
ではありません。少額でテストしながら修正していくことがで
きます。怖れずにトライしてください。最初は予算1万円など
と決めて、練習してみるといいでしょう。

　ファーストステップとして、「自社のメルマガ登録を促す」と
か、「Twitter のフォロワーを増やす」、「YouTube 動画の再生
回数を増やす」といった目的でやってみてはどうでしょうか。
　たとえば、こんなリスティング広告をつくってみるのです。

人気の電動キックボードに実際に乗ってみた。
充電式＆折り畳み式、人気の電動キックボード〇〇5万
円に。
実際に乗って走ってみた YouTube 動画です。購入検討中
の方、ぜひご覧ください。

いきなり商品を売ろうとすると難しく感じるもの。すぐに結果が出ないと「もうイヤだ」と思ってしまうかもしれませんが、あくまでも練習ですからね。売り上げに直接関係ないもので試してみるのがおすすめです。

管理画面を見るのに慣れるだけでも、まずは OK。とにかく、最初から大きな予算を使う必要がないのがネット広告のいいところです。大失敗することもありません。少しずつやっていきましょう。

リスティング広告のキーワード選びは、この手順で！＆広告の予算、いくらならOK？

ネットマーケティングといえば、まずは検索連動型のリスティング広告です。

大事なことなのでしつこくいいますが、検索の意図、文脈をよく考えて広告をつくりましょう。

当然、**広告の「キーワード選び」は重要**です。

検索のボリュームがある程度なければ、そもそも表示されませんし、かといって「ビッグワード」を選ぶと効率が悪くなるのはこれまでお話しした通りです。

文脈からいっても、検索ボリュームからいっても適切なキーワードを選びたいところですね。

キーワード選びには手順がありますので、ご紹介します。手順に沿って便利ツールを使いながらキーワードを選んでみましょう。

電動キックボードの例で考えてみます。

見込み客はどんなキーワードで検索するでしょうか？

　まず、「類語連想辞典」で類語を調べます。こちらは「キックボード」と思い込んでいるけれど、見込み客は別の言葉で検索するかもしれません。「キックボード」と入れてみると、類語として「キックスケーター」と出てきました。

● 類語連想辞典
　https://renso-ruigo.com/

　類語がいくつかある場合は、それぞれについて複合キーワードを調べてみます。
「ラッコキーワード」というツールに「キックボード」や「キックスケーター」と入力し、どんなキーワードと一緒に検索されているかを調べます（次ページ参照）。

● ラッコキーワード
　https://related-keywords.com/

　すると、「キックボード　電動」「キックボード　子供」「キックボード　大人」などの複合キーワードがおすすめとして表示されました。ここに出てくるキーワードをざっと見て、よさそうなものをピックアップしていきます。
　ここでは「公道不可の電動キックボード」を販売したいので、「キックボード　公道」や「キックボード　通勤」ははずして考えます。

　リストアップしたキーワードを「Google キーワードプラン
ナー」というツールに入れて、検索ボリュームを調べます。

● Google キーワードプランナー

https://ads.google.com/intl/ja_jp/home/tools/keyword-
planner/

「キックボード　電動」というキーワードでの検索は月間１万
〜 10 万件ほどあるということがわかりました。「キックスケー
ター　電動」はそれより少なく、1000 〜１万件。それぞれの

キーワードの平均クリック単価も表示されるので、だいたいの予算感もつかめます。

このようにして、リスティング広告やデータフィード広告に設定するキーワードを絞り込んでいきます。

まとめると、これまでお話しした「文脈」を頭に置きつつ、**「類語を調べる→文脈に合いそうな複合キーワードをリストアップする→リストアップしたキーワードの検索ボリュームを調べる」**

という手順で、具体的にキーワードを絞り込むわけです。

キーワードからリスティング広告、ランディングページのシナリオを考えてみると……

ランディングページと広告の順番は、「ランディングページをつくる→広告を考える」ということが多いでしょう。

しかし、実はプロは違います。

キーワードを見極め、広告をイメージしつつ、それに合ったランディングページをつくります（同時にやる感じです）。何度もお話ししているように、広告のキーワードと、ランディングページは影響を与え合うからです。

ただ、同時に組み立てるのはハイレベルなので、最初はここまで考えなくてかまいません。はっきりいってプロ向けの話です。

こういうやり方があるということで解説しておきますが、混乱するようならスルーしてください。

いまピックアップしたキーワード「キックボード 電動」からリスティング広告と、ランディングページのシナリオを考えてみましょう。

「キックボード 電動」で検索する人の意図は何でしょうか。実際に Google 検索をしてみればわかるんでしたね。

- 人気の電動キックボードって？
- どこで売っている？ どんなもの？いくら？
- 電動ってどんな感じで動くの？
- 公道で使える、使えないはどう違う？
- 使用者の感想は？
- 関連法規は？

こういったことが知りたくて検索しているようです。
クリックされる広告を考えてみると、こうなります。

YouTube で話題！ 人気の電動キックボード（通販）
充電式＆折り畳み式電動キックボード。操作動画で使い方、持ち運び方を説明します。
重さ、価格、他社商品との比較情報も。
いま人気の電動キックボードを解説します。

「キックボード 電動」の検索意図に合った広告文だから、クリックされるでしょう。そして、この広告文に合ったランディングページをつくります。

電動キックボードの実際の使用シーンを動画で入れつつ、商品のウリ、人気の理由を説明していくのです。

広告運用会社の闇？ 丸投げの問題点

いまお話ししたようなことは、正直言ってプロでもあまりできていません。

広告の運用代行をする会社はたくさんあり、（面倒に感じる）広告の管理をやってくれますが、「最適解を見つける」まではなかなかできないのが現状。それで、私に依頼がくることになります。

たとえば、住宅販売の会社が、リスティング広告の運用を代理店に丸投げして月100万円支払っていました。それで集客が20件。もうちょっと改善できないかと私に相談があったので、間に入って、適切に広告運用ができるようチューニングしました。

すると、なんと集客は2000件に。100倍です。

ビックリですよね。2000件もいらないので、広告費用を10万円に下げることができました。10万円で200件です。これはすごい数字で、紙の広告ではこんな数字は出ません。

ただ、ここまでの成果を出すのはなかなか難しい。

広告運用を任されている代理店としては、月10万円程度の予算では採算がとれません。

代理店の手数料はだいたい10%〜20%くらいですから、10

万円の広告費を預かっても、２万円しか受け取れないのです。

　月額２万円で「もっと成果を上げろ」というのも酷な話です
し、運用する側も「もうちょっと予算をアップしてもらえれ
ば」と言わざるをえない。そんな実態があるのです。これは構
造的な問題です。

　ですから、実際の運用を代理店にお願いするにしても、広告
を出す側がそれなりの知識を持っておいたほうがいい。わから
ないからと、全部丸投げしていてもそうそううまくいきません。

1件成約するのに、いくらの 広告費だったら成功といえるのか？

　ネット広告は少額から試して、修正をかけていくことができ
るのがいいところ。広告費はかかるのに売り上げにつながらな
ければ、どこかが間違っています。

- 検索意図と広告は合っているか？
- 広告とランディングページ（ホームページ）の文脈は合っているか？
- ランディングページのシナリオは、読み手の心理に沿っているか？
- ランディングページのファーストビューは、アクセルを踏ませる情報で構成されているか？

こういったところをチェックして、修正していきましょう。
そして、適正に管理していくのが理想です。

では、広告費の目安はどのようなものでしょうか。これは業界や商品によって違うので、非常に答えにくい問題です。広告運用会社に聞いても「うーん……。ピンキリですねぇ〜」「やってみないと何とも……」と歯切れの悪い答えが返ってくるでしょう。

「この商品なら、１件成約するのに 5000 円が目安ですね」と明快な回答が返ってくることはなかなかありません。

　実際、難しいのです。

「5000 円目安」と言ってしまえば、それが目標になって運用会社の首を絞めることにもなります。とはいえ、まったく目安がないのも困りますよね。ですから、ここでは考え方の例としてお話ししたいと思います。

　たとえばいまは、通販会社が１件お客様を獲得する（成約する）のにかかる広告費は、5000 円を下回ることは少ないです。

　5000 円〜 6000 円なら OK。１万円かかるなら、もうその広告は意味がありません。相当高額な商品ならいいですが、一般的な商品を１つ売るのに１万円も広告費をかけたら元が取れません。だから、その広告はもうやめちゃったほうがいい（別の策を考えます）。

　美容院だったら、初めて来店するお客さんがカット、カラー、パーマにトリートメントとフルコースやるというケースは少ないですから、この１件をとるのに広告費を 7000 円かけていたらやっていられません。

　リピートしてくれなかったら赤字です。

　7000 円で、リピートにつながるのならまだいいでしょう。け

れど、リピートしてもらっても、広告費が1万円以上になると大変です。広告費をかけることで新規のお客さんは増えるけれど、利益が出ない……。

「何のためにやっているんだっけ？」状態になります。

　いっぽう、住宅の展示場に来てもらうのに、1件の広告費が1万円だったらうまくいっています。

　10万円かけて10件来場があり、1件でも成約すればいいのです。3000万円のものを売るのに広告費が10万円だったらすごく安いですからね。

　ここでお話しした金額の例はあくまでも目安です。

　業種、商品の価格やリピート率などによって、広告費をいくらかけてOKなのかは変わります。もちろん、1件1000円とか2000円という安さでいけているという、すごい成功例もありますし、うまくすれば非常に効率のいい広告もありえます。

　いずれにしても、**1件成約するのにいくらかかっているのか**を把握し、利益との関係をちゃんと確認することが大事です。

コンテンツ連動型の ディスプレイ広告は使えるのか？

「どうもこのキーワードはクリック単価が高いようだし、検索連動型ではない別の広告にチャレンジしようかな？」

　そういう人もいるかもしれません。

「コンテンツ連動型広告＝ディスプレイ広告」の話にも触れておきましょう。

ディスプレイ広告とは、サイトの広告枠に、そのコンテンツに関連して表示するテキスト形式やバナー形式、動画などの広告のことです。

　Google のディスプレイ広告は、Google ディスプレイネットワーク（GDN）と言い、代表的な配信先は「**Gmail**」「**YouTube**」「**Ameba**」「**ライブドアブログ**」「**ピクシブ**」など。

　Yahoo! のディスプレイ広告は、「Yahoo! 広告　ディスプレイ広告」（YDA：2020 年にリニューアルされました）といい、配信先は「**Yahoo! JAPAN トップページ**」「**クックパッド**」「**食べログ**」「**ニコニコ動画**」などです。

　あなたも、情報サイトを見ているときに広告が気になったことはあるのではないでしょうか。

　ディスプレイ広告は、広告表現を先に決めておき、どのサイトに広告を出すかはロボットが決めます。

　消費者は検索をしているわけではなく、**ある情報を読んでいるときに「目に入る」というタイプの広告**なのです。検索するほどニーズが顕在化していない、「潜在的顧客」に対してアピールしやすいという特徴があります。

　たとえば、「歯科助手として私をスカウトしてください」という広告を出したいとします。歯科助手として働きたい人が、自分をアピールするページをつくり、その広告を出すのです。

　どんな広告を出すか？

　選択肢は 2 つ（リスティング広告の場合）。

選択肢１：「歯科助手　求人」などの検索キーワードに対して、
　　　　　検索連動型の広告を出す
選択肢２：歯医者さんのブログに自動的に広告を出す（ディス
　　　　　プレイ広告）

　選択肢１の「検索連動型広告」のほうはすぐに思いつきます
よね。
「歯科助手の求人をしたいから、その情報を探そう」という人
が広告を見つけてクリックしてくれるかもしれません。
　もう１つは、歯医者さんのブログに「私をスカウトしてくだ
さい」という広告を出す。
　これもアリなんです。なぜなら、歯医者さんのブログは歯医
者自身が一番見るから。ブログを見ながら「誰だ、こいつ。そ
ういえば、そろそろ歯科助手を増やしたいところだ」と興味を
持ってくれるでしょう。もちろん、地域を絞って広告を出すこ
とができますので、効率よくアピールできるのではないでしょ
うか。

　広告のタイプの違いをイメージできましたか？
　どちらがいいか、というのはやってみないとわかりません。
どちらも試して、効果が高いほうに注力していけばいいでしょ
う。
　ただ、私の経験上では、ディスプレイ広告のほうが難しいで
す。
　理由はいくつかありますが、１つは、**やはり見込み客の「意
図」をはかりづらく、「文脈」をつくれないこと**。それから、

アフィリエイトサイトが乱立していることです。

　たとえば、「クレジットカードのおすすめランキング」といったサイトは、アクセスを集めて、広告収入で成り立たせているモデルでやっています。各社のクレジットカードについて解説しながら、広告をバンバン貼って、そこから契約してもらいたいわけです。

　そのサイトのなかに、たとえば「資産運用の相談なら〜」のような広告があってもなかなか成約しにくいでしょう。

　化粧品の広告を美容情報サイトに載せるのも同じで、美容に興味のある人が集まってはいるけれども、それだけではなかなか難しいのです。

　とはいえ、やはりやってみなければ何ともいえません。上手に潜在顧客にアピールして、成果を上げることだってあるでしょう。「こういうやり方でうまくいった！」ということがあれば、ぜひ教えてください。

● Google ディスプレイ広告
　https://ads.google.com/home/campaigns/display-ads/

● Yahoo! ディスプレイ広告
　https://promotionalads.yahoo.co.jp/service/displayads/

第6章

あなたの広告は
どの媒体に出せばいいのか。
各ツールを徹底検証

いまのランディングページと広告、うまくいっているのか？ データチェックと改善のポイント

前章までで、「ランディングページ＆リスティング広告」というネットマーケティングの基本中の基本となる部分をお話ししてきました。

基本とはいいながら、簡単ではなく深い部分。Facebook やインスタグラム、LINE などのツールの話に入る前に、どうしても押さえておきたいところでもあります。

ここでは「ランディングページ＆リスティング広告」をいったん走らせたあとに、どうチェック・改善したらいいのかという話をします。

たとえば、あなたが社内のネットマーケティング担当者として頑張っているとして、上司がこんなふうに聞いてきたとします。

「で、成果はどう？ どのくらいうまくいっているの？」

「どのくらいって聞かれてもなぁ……。それなりに成果は出てはいるみたいだけど、これで合っているのかな……。どの辺がゴールなのかな……」

「よし、利益出ているみたいじゃないか。予算を増やしていいから、もっと利益が増えるようにやってくれ」

そう上司から言われても、

「これ以上のパフォーマンスを出せって？ 広告を増やすということ？ それとも……？」

そんなふうに悩んでしまうケースはよくあります。

まず大事なのは、ビジネスにおいて「うまくいっている」というのは、「利益が出ている」ということであり、主観的なものではないということです。

データがすべてです。

データをチェックしましょう。そのうえで、改善点を見つけていきます。

ただし、「どこをどう改善すればもっとよくなるか」というのは判断がかなり難しいのです。

何の数字をチェックすればいいのでしょうか。

ランディングページには目的があるはずですね。購入ボタンを押してもらう、資料請求をしてもらう、問い合わせをしてもらうなど、目的について成約している率を出す必要があります。

ネットマーケティングではこの成約を「コンバージョン」と呼びます。アクセス数に対してどのくらい成約したのか計測する数値は「コンバージョン率」です。

ランディングページがうまくいっているかどうかは、コンバージョン率で見ます。

コンバージョン率を確認するため、「Google アナリティクス」で、「コンバージョンの設定」をしておきましょう。

◉Google アナリティクスヘルプ「目標を作成、編集、共有する」
https://support.google.com/analytics/answer/1032415?hl=ja

たとえば、「問い合わせ」をコンバージョン設定しておけば、

お客さんが「問い合わせをするボタンを押す」ことで、1件の
コンバージョンが成立となります。

　そうやって、Google アナリティクスの管理画面から「問い
合わせ」のコンバージョン率がわかります。

　広告も同じように、コンバージョンを中心にデータをチェッ
クします。

　Google のリスティング広告管理画面では以下のような数字
が確認できます。

「表示回数」「クリック数」「クリック率」「クリック単価」「費
用」「コンバージョン」「コンバージョン単価」「コンバージョ
ン率」

　最終的に重要なのはコンバージョンで、そのために費用がい
くらかかっているかを確認しましょう。**「コンバージョン単価」**
がそれです。

　表示回数やクリック率が多くても、コンバージョンにつなが
っていなければ意味がありません。

広告タ・ ↓	表示回数	クリック数	クリック率	平均クリック単価	費用	コンバージョン	コンバージョン単価	コンバージョン率
レスポンシ ブ検索広告	884	86	9.73%	¥57	¥4,937	12.71	¥388	14.78%
レスポンシ ブ検索広告	292	22	7.53%	¥72	¥1,586	4.00	¥397	18.18%
レスポンシ ブ検索広告	745	47	6.31%	¥64	¥2,995	4.94	¥607	10.50%

ある建築会社の例

とある漢方相談薬局の場合、「コンバージョン単価」が400円です。つまり、リスティング広告を出して400円ごとに1件コンバージョンする。この薬局の場合のコンバージョンとは「相談の電話」です。

この数字がいいかどうかは、これだけではわかりませんね。

コンバージョン後の
ビジネスの流れから計算する

コンバージョン後の流れは、業種によってさまざまですが、「利益」にたどり着くまでの数字があるはずです。それを把握しておく必要があります。

先ほどの漢方相談薬局の場合は、400円かけて1件の相談の電話がかかってきたあと、「相談者の6割が来店→来店者の8割が商品を購入」という流れがあります。

商品単価は7万円で、利益率は7割です。

こういったデータがあれば、簡単に計算できますよね。

薬局に100件の電話が鳴るとすれば、費用は400円×100件の電話＝40,000円。

100件の電話のうち60件が来店し、48件（＝60件の8割）が7万円の商品を購入しますから70,000円×48件＝3,360,000円。

利益は7割ですから、3,360,000円×0.7＝2,352,000円です。

ということは、広告費4万円を使えば約230万円の利益が上がる。

これは確実に「うまくいっている」といえるでしょう。

広告費をもっと投入すればさらに利益が出ることはわかっていますが、現状では人手不足で電話相談をこなせなくなってしまうので、この数字に落ち着いています。

　いっぽうで、こんな化粧品通販会社の例はどうでしょうか。
　同じく「コンバージョン単価」は400円。ただし、「サンプル請求」をコンバージョンとしています。化粧品サンプルを送る場合、配送料と梱包資材などで1件あたり1200円くらいかかってしまうのが普通です。ですから、広告費としては1件400円であっても、追加で1200円のコスト。
　その後、サンプル請求した人のうち1割が1万円の商品を購入。利益は5割とすると……。

　100件サンプル請求があればコストは＿（400円＋1200円）×＿100件＝160,000円。
　10件が1万円の商品を購入するので10,000円×10件＝100,000円。利益は5割なので100,000円×0.5＝50,000円。
　広告費とサンプル送料合わせて16万円のコストをかけて、5万円の利益を出していることになり、これだけでは赤字です。

　このように、コンバージョン単価（CPO＝コスト・パー・オーダー）は大事な数字ですが、これだけで判断できるわけではありません。それぞれ伸び時──ビジネスモデルのなかで、継続に耐えうるCPOである必要があります。
　これを無視して、アクセス解析や広告管理画面だけを見ていると、判断ミスをする怖れがあります。

　ランディングページのコンバージョン率を上げようと、あちこちいじったり、広告を修正したりし続けても、そもそも「利益が出ない」かもしれないのです。コンバージョン率の問題ではなくて、**ビジネスの組み立て方の問題**です。

　ランディングページで20％のコンバージョン率を達成しないと儲からない、というのであればそれはそもそも利益の取り方が間違っています。

「コンバージョン率10％って、いいの？ 悪いの？」プロから見た「妥当な数字」とは？

　データをチェックするところまでは簡単ですが、その数字はどうなのか？ という判断はなかなか難しいところ。

　いまお話ししたように、単純にコンバージョン率だけを見てもビジネスとしてうまくいっているかはわかりませんし、妥当な数字は業種によってさまざまです。コンバージョン率2％でもじゅうぶん成り立つ場合もあります。

　ですから、プロも「この数字なら成功」と言いにくいのですが、一般的には以下のように言えます。

広告：1％〜15％のクリック率
ＬＰ：2％〜20％のコンバージョン率

　この範囲内にあれば、ひとまずOKです。

　コンバージョン率を40％まで高めたい！ なんて、必要ありません。私がこれまで見たなかではコンバージョン率45％が

最高でしたが、普通は出せる数字ではないのです。たまたまヒットしただけですから、こういうとんでもない数字には惑わされないでください。

さて、コンバージョン率は妥当な範囲にあるけれど、もう少し上げられそうだという場合。どこをどう直すか自社で判断するのはこれまた難しいところです。

たとえば、健康診断をして、血液検査のなんらかの数値が悪いとわかったとしても、その改善策は医者にしかわかりません。それと同じようなものです。

広告の数値パフォーマンスの良し悪しがわかったとしても、それをどう改善すべきかの方策については、専門家のほうが詳しいでしょう。

ただ、もっとも重要なのは、これまでしつこくお話ししてきたように「文脈」です。**広告もランディングページも、ユーザーがどのような意図で見ているのかという「文脈」に沿っている**ことです。もし、文脈にズレが見つけられそうなら、修正しましょう。

そのうえで、修正箇所は大きく分けると、

■文章
■デザイン

のどちらでしょうか。

実は、書かれている内容はそのままで、デザインを改善したら効果が上がるということもあります。

デザインを修正しただけで
コンバージョン率がアップした事例

こちらをご覧ください。

群馬県にある**美容院「クインテット」**のスマホサイトの事例です。

オーナーの佐藤さんはミラノコレクションのバックステージを務めていたという実力派。最新のトレンドや一流の技術を提供しつつも、気さくで明るい美容院は、現状のサイトでもしっかり成果は出せていました。

ただ、「もっといけるはずだ」という感覚があったのです。そこで、私が修正のアドバイスをしました。

修正前の
スマホサイト。
何がいけないの
だろうか

スクロールすると、この下には「クインテットが選ばれる12の理由」や「スタッフ紹介」など丁寧に書かれています。

　内容も、写真もいい。ただ、全体のデザインがクインテットの店格に追いついていないのです。ミラノコレクションのヘアスタイリストをやるくらいの高レベルなお店なのにもかかわらず、ホームページのデザインに安っぽさがあると違和感となります。

　このサイトを見た人は「デザインがちょっとなぁ」と思うわけではなく、**言葉にできない違和感を覚えるだけですが、「なんか予約する気にならない」**のです。

　もともとはあまりお金をかけずにつくったサイトでした。

　それでも、旧ページはシナリオがしっかりしていたのでたくさん予約が入るようになったんです。ちゃんと利益が出て、2店舗目も出せました。そこで、サイトのリニューアルです。新しいサイトの効果測定はこれからですが、コンバージョン率の向上は期待できると思われます（次ページ参照）。

　この改善点も、ユーザーの意図を深掘りすることから出てきます。

「クインテットが気になる。予約してみようかな」と思う人は、**センスのよさを期待している**はずです。

> 「トップモデルたちのスタイリングをしていたような人の美容院って、どんなだろう。ちょっとドキドキするけど、行ってみたいな……」（文脈）

ユーザーの意図を
深掘りして改善さ
れたスマホサイト

　そういう人が、サイトを見て「こんなにセンスのいい場所な
ら、自分の最高を引き出してくれるんじゃないか。気さくさも
あって、行きやすいんじゃないか」と思えることが大事。
　内容面はもちろん、デザインでもそれを表現する必要がある
のです。

有名ネット会社が注目！
コンバージョン率が高いお手本サイト

　私のクライアントさんで、お手本のようなサイトがあるので

ご紹介します。

　ランディングページのコンバージョン率が高く、広告のパフォーマンスもいいので、ある超有名ネット系会社が「社内研修に使わせてほしい」と連絡をしてきたというくらいの優良サイトです（ランディングページではなく、ホームページです）。

株式会社メイク・プラスター

⦿ https://makeplaster.com/

　ネットマーケティングについて知らなければ、パッと見てすごさがわからないかもしれません。

　でも、ここまで勉強してきた方なら、このサイトのよさがわかるのではないでしょうか。ぜひ一度見てみてください。なんせバリバリのネットカンパニーが社内研修に使うくらいですからね。

勝手に誌上コンサルティング！Facebook広告とインスタグラム広告はここがポイント

　ランディングページに見込み客を連れてくるために広告を活用するわけですが、その広告には、これまでお話しした「リスティング広告」以外にもいろいろあります。

　ここでは、代表的なSNS広告である、Facebook広告とインスタグラム広告の話をしましょう。

　まず、こういったSNSにはユーザー層があるんでしたね。

　あなたのターゲットにマッチしたSNSを選んで広告を出します。乱暴ではありますが、わかりやすさ優先でざっくりいうと、次のような感じです。

▣ 経営者、自営業者やビジネスパーソン向けの広告なら
　Facebook
▣ 若い女性向け、デザインなど「見えかた」とか「見た
　目」にこだわる人向けの広告ならインスタグラム

それぞれユーザーの心理に沿った広告で、ランディングページに誘導するのが王道（クリックするとランディングページに飛ぶということです）。

しかし、実をいうと、もっと効果の高い誘導方法も出てきています。

この方法はネットマーケティングのプロでもまだやっている人が少なく、先行者利益が得られそうです。

まず、Facebookから。

Facebookは「実名」が前提のSNSという特徴があります。実名で活動している個人の情報がFacebook内にあるわけです。

経営者やビジネスパーソン向けの広告が合っているといいましたが、Facebookが持っている個人データに合わせてターゲティングができるので、もっと細かくターゲティングして広告出稿することができます。

たとえば、「性別」「地域」「年齢」といった基本的な属性、職業や興味関心、アプリの利用状況などでセグメントします。それによって、どのくらいの人に広告が表示されるかというボリュームがわかります。ボリュームを見ながら調整するといいでしょう。

出稿の仕方は簡単です。

Facebookの広告アカウントを作成し、手順に沿って予算や掲載期間、配信方法などを決めていけばいいだけです。

パソコン版のFacebookでは、次の2カ所に広告が表示されます。

■ ニュースフィード（タイムライン）
■ 右側のサイドメニュー

スマホアプリ版では、ニュースフィードに表示されます。

これが基本。スキマ時間にパパッとスクロールしていく人が多いですから、目を引く画像（動画やスライドショーも可能）が必要になります。

たとえば、私のスマホに表示された LINE 社の広告がこれです。

「詳しくはこちら」をクリックすると、LINE広告オンラインセミナーのランディングページに飛びます。

勝手にコンサル①
LINE社のFacebook広告

このLINE社のFacebook広告に対して、頼まれてもいないのに余計なお世話コンサルしてみます。

Facebook広告で興味を持ってもらって、ランディングページに飛び、セミナーに申し込んでもらうという王道パターンです。

LINE広告に興味を持ちそうな人はFacebookにたくさんいるでしょうから、まず**媒体選びはバッチリ**ですね。

同じ広告がインスタグラムにも出ていましたが、効果のほどは不明です。Facebookとは客層が異なるはずなので、同じデザインの広告で良いとは思えません。ただ、Facebook広告を出稿する際に、同時にインスタグラムにも出すということができるので、Facebookメインで、ついでにインスタグラムにも出しておくという戦法だと思われます。

「ついでにほかの媒体にも同じ広告を出す」というのは、労力が少なくて済むようですが、媒体特性を無視することになるので、客層がハッキリしてきたら、**広告は分けて運用したほうがいいです。**

それぞれの媒体に合った広告を出したほうが、明らかに効果は上がります。

それはさておき、このLINE社の広告もランディングページ

も、シンプルながら全体的によくできています。このままでも成果は上がっていることでしょう。

さらに効果をアップさせるにはどうしたらいいか？

この広告についてLINE社に相談されたとしたら、こう答えます。

画像内に、業種名を並べる。「工務店」「住宅リフォーム」「歯科医業」「学習塾」など

ザーッとスクロールしていても、自分の業種には目を留めるものです。また、対象者である「まだLINE広告をやっていない人」が一番知りたいのは「自分の業界の事例」でしょう。

細かい登録方法、操作方法以上に**「LINE広告を始めると、こんな成果が出る」とあと押ししてくれるような情報が欲しい**のです。「業種名」が並んでいることによって「この業種の事例が聞ける」と思ったら、クリックしてみたくなります。

「無料」をもっと目立たせる

画像内に「無料」とありますが目立っていないので、もう少し目立たせたほうが反応率は上がるでしょう。

「無料」や「初心者向け」といったワードは、ユーザーの心理的ハードルを下げます。「これから始める」もいいですが、パッと見でわかる「初心者向け」のほうがよいかもしれません。

画像内に「初心者向け」と入れたり、初心者マークをつけたりするといい。この違いはテストしてクリック率がいいほうに設定することになりそうです。

これだけでも反応率は変わるはずです。

どちらもポイントは広告の画像部分（クリエイティブ）です。

Facebook広告もインスタグラム広告も画像が大事です。ユーザーは画像に目を留めます。

広告画像（クリエイティブ）は、

- 誰向けの広告か？
- メリットは何か？

が一発でわかるようにしておく必要があります。

プロも、まだ知らない、効果が期待できるFacebook広告手法

もう1つFacebook広告を見てみましょう。

コンサルタント神田昌典さんの広告です。

こちらの画像は「なんじゃこりゃ」ですが……。

神田さんの場合は「神田昌典」という名前にもうブランドがありますから、この画像は違和感を演出するギミックですね。とにかく視線を獲得するためにデザインされています（次ページ参照）。

よく見てほしいのは、「Facebook上のフォーム」という部分。この仕組みがとても優れているのです。

「登録するボタン」を押すと、Facebook上のフォームが表示さ

れます。名前やメールアドレスなどの情報が自動的に入っているので、入力する手間もありません。

　ほかのサイトに飛ぶことなく、Facebook内で完結。

　実は、もっともパフォーマンスが高いFacebook広告はこのパターンです。

Facebook上のフォームでリストを獲得し、そのリストに対してランディングページをお知らせするのです。

　この広告を見たとき「おー、さすが！」と思ってしまいました。

　ネットマーケティングのプロ（広告やSEOの会社、専門家）でも、Facebook上のフォームを活用している人は、まだ少数派

です。

　広告から外部のフォームに飛ばし、そこに名前やメールアドレスなどの情報を入力させているのがほとんど。こうなると、反応はガクッと落ちることが多いのです。

　ユーザーは「Facebook 上のフォーム」とあると安心してクリックできますし、フォーム内にもあらかじめ情報が自動入力されているのはラクですよね。**外部のフォームに飛ばす場合の最大5〜6倍反応率がアップするはずです。**

　私のクライアントさんもこのやり方で Facebook 広告を出していますが、めちゃくちゃ反応があります。

「Facebook 上のフォーム」を使った広告のやり方はこちらをご覧ください。通常の広告と基本的に同じで、フォーム作成がついているだけです。

● Facebook　ビジネスヘルプセンター：リード獲得広告について

https://www.facebook.com/business/help/1481110642181372?id=735435806665862

　ほかにも「ランクエスト」さんの広告が Facebook 上のフォームを使っていましたので参考までに載せておきます。パソコンではこのような見え方になります。

画像を見たい人に向けて、インスタグラム広告

インスタグラム広告は Facebook と同じプラットフォームから配信します。

Facebook ビジネスマネージャのアカウントを作成し、Facebook ページとインスタグラムを連携させて広告を出稿す

るという流れです。

「地域」「性別」などユーザーの情報でターゲティングし、配信先を「Instagram フィード」などと選択すれば OK です。

● Facebook ビジネスマネージャ

https://business.facebook.com/overview

表示される場所は基本的に次の2つ。

■ フィード
■ ストーリーズ

ストーリーズとは 24 時間で消える投稿のことで、フォロワーのフィードにも流れず、プロフィールの投稿一覧にも残らない気軽さがあります。

インスタグラムをよく利用しているユーザーはストーリーズも使っていますので、このなかに広告を入れるというのも手です。スマホの画面いっぱいを使った、縦長の画像や動画で訴えることができます。

ただ、インスタグラムにかぎらず、「**誰がどんな意図でその広告を見ているのか**」**というシナリオにフィットしない広告はそもそも反応がありません。**

どんなに派手な広告画像をつくってもスルーされてしまいます。

いろいろ広告を見ていると、「これは反応なさそうだな」と

いうものがあふれていました。

　画像は載せませんが、とある「コピーライティング教材」の広告。

　インスタグラムっぽく、ということなのか目玉焼きの写真を載せていました。画像を見て「あっ、かわいい」と思ったとしても、それで「コピーライティングか〜。勉強してみようかな」とは思いません。

　そもそも商材がインスタグラムとはあまり相性がよくないのですが、どうしてもインスタグラム広告を出したいなら「**コピーライターの本棚って？**」と本棚の画像を集めたり、ワークスペースの画像を集めたりして、「**コピーライターはどんな本を読んでいるのか見たい、フリーランスのデスクツアーしてみたい**」と思った人に目を留めてもらうような工夫が必要でしょう。

　インスタグラムは、あくまでも画像を「見たい」という人たちのツールなのです。

勝手にコンサル②
らでぃっしゅぼーやのインスタ広告

「らでぃっしゅぼーや」のインスタグラム広告に対して、頼まれてもいないのに余計なお世話コンサルしてみます。

　ふぞろい野菜のお試しセットを販売するランディングページへ誘導する広告です。

　そもそも「**食**」とインスタグラムは相性がいいですね。自分

がつくった料理の写真や、美味しかった料理、行列ができる店の料理や食材など画像をアップしたり、画像を見て楽しむ人が多くいます。

　らでぃっしゅぼーやの「ふぞろい野菜」は、そんなインスタグラムのカルチャーにピッタリフィット。ユーザーが「ふぞろい野菜お試しセットを買って、こんな見た目の野菜だったけど食べたら美味しかったよ〜」と、画像とともにインスタ投稿をするシーンまでイメージできます。

　画像のハート型トマトは、見た目のかわいさと「農家さんを

応援」という心遣いを表現していて、とてもいいと思います。

　この広告は反応がいいに違いありません。

　もし、「もっと反応率を上げるには？」と相談されたなら、どうするか。

　「ふぞろい野菜」そのもののよさ、面白さをもっとアピールする

　たとえば、**画像のトマトの上にフキダシを入れて「おもしろいかたち」「ぶかっこう」なんて入れると、より気になります**。トマト以外にも、なるべく見た目が面白い野菜を取り上げて（スクロールして見られるようにして）目を引く。

　インスタグラムユーザーの心理からして、「もっと見たくなる」工夫をつけ加えるということです。

　Facebook もインスタグラムも、少額ですぐにスタートすることができますから、まずはやってみるのが一番です。反応を見つつ改善していきましょう。

ちょっと特殊な Twitter 広告と 万人にいける LINE 広告

　次に Twitter 広告と LINE 広告の話です。

　最初にざっくりいうと、まず Twitter 広告は Twitter ならではの広告コピー、クリエイティブのコツがあり、それが独特です。普段から Twitter に慣れ親しんでいる人じゃないかぎ

り、難しさを感じるはずです。そういった Twitter ならではの特殊さがあります。

　そのいっぽうで、2021 年 5 月段階においては、**LINE 広告は万人にいける広告**です（ただし規制厳しめ）。

　この 2 つの広告には、こんな特徴があります。

　Twitter は拡散力が高く、広告がリツイートされた場合には、そのリツイート後の広告がクリックされても課金されないというメリットもあります。

　広告そのものがバズったら、非常にお得になるのですが、簡単ではなく、かなり手ごわい媒体です。その特性から、どういったところを狙えばいいのかという話や、LINE でもっとも効果の出やすいビジネスの話などをしていきましょう。

　まず、Twitter。

　Twitter 広告は、広告用のアカウントをつくり、エリアや予算を決めて出稿します。

● **Twitter 広告スターターガイド**

https://business.twitter.com/ja/advertising/starter-guide.html

　Twitter 広告と相性のいい業種は、ある程度絞られると考えています。

　通信系、スマホアプリダウンロード、ゲーム、その他ネットサービス系、全国チェーンの飲食店……こうした業種とは好相

性です。

しかし、地域密着型の学習塾や、工務店、美容院などは、難しさを感じるのではないでしょうか。

これは、「その SNS ユーザーにターゲットがいるかどうか」という話ではなく、Twitter という媒体との相性です。

たとえば、地元の花屋さんやスーパーマーケットなどが、普通に地元フリーペーパーに出す広告のようなつもりで Twitter 広告をやってみても、反応がよくありません。「○○ガーデン△△店では、母の日キャンペーン予約受付中」と広告を出しても、まぁ効果は無反応に近いと予想されます。

ただ、Twitter のカルチャーに慣れている人なら、ハマる広告を出すことができるかもしれません。

Twitter は、媒体の特徴として「リアルタイム性」「匿名性」があるのです。

1. リアルタイム性

Twitter はリアルタイム性がとくに強い SNS です。

ユーザーがどういうときに Twitter で検索するかというと、よくあるのが、「いままさに起きていることを調べたいとき」。

たとえば、新宿で背の高い外国人を見かけて、「もしかしてあの超有名アーティストなのでは!?」と思ったら、Twitter 検索してみます。すると「いま新宿であのアーティストを見た！」という投稿を複数見つけられるわけです。

こういう情報は Google 検索をしても出てきません。

少し前に、任天堂 Switch がどこも売り切れているというと

きに、「どこどこの店でゲット！あと3つ在庫があるっぽいよ」という投稿があれば、その店に人が殺到する……という使われ方があります。

その情報の拡散の仕方も、一気に進みます。

面白ければ一気に広がります。つまらなければスルーで、膨大な情報のなかにあっという間に埋もれます。

リアルタイム性の高い投稿の賞味期限は4時間ほどで、時間がたつと徐々に消えていってしまいます。渾身の投稿をしても、そのちょうど同じ時間に、ほかにバズるものがあると、自分の投稿はすぐに消えていってしまうことがあります。

ところが、広告なら、表示させ続けることができます。

速い流れのなかに、表示させ続けることができるという利点があります。とはいえ、面白くなければ無視されるので、広告からのクリック反応を取るのは簡単ではありません。

2. 匿名性

Twitterは匿名の文化があります。かつての匿名掲示板「2ちゃんねる」の遺伝子というかDNAのような文化を引き継いでいるところがあり、匿名性があるだけに、厳しい指摘も手加減なく行われます。指摘で収まっている範囲ならいいですが、感情的に「炎上」となると手がつけられません。

うまくハマればすごい拡散力がありますが、バズを狙うのがすごく難しい。一歩間違えると炎上します。

「炎上」と「バズ」の境界線を、どれだけ攻めることができるか、それがTwitterだといっている人もいるようです。

たしかに、ちょうどいいさじ加減で攻めることができるのであれば、広告も上手に展開することができるでしょう。

Twitterでバズる広告とは？

たとえば、フォレスト出版が「新しいビジネス書が出ました」といってTwitter広告を出しても、うまくいかないでしょう。

でも、鉄道系の本のみを出している出版社があったとして、公式Twitterもちょっととんがっているとします。

「○○線の○○型式の列車は、25歳の美男子。落ち着きもあって、俳優の誰々さんに例えられます」とか、「○○鉄道の○○型式の列車は、ちょっと無骨な感じがするけど気は優しいという誰々さん似」とか、勝手に鉄道を擬人化した投稿を日々している。

いわゆる成功ノウハウ的なビジネス書は匿名性の文化と相性がよくないけれど、そんな鉄道系の出版社が、新刊のTwitter広告を擬人化して出稿したら成功しそうです。

それでは、匿名性文化と相性のいい業種でないと無理なのかといえば、そうともいい切れない。見せ方によって、バズらせることは可能です。

有名ハウスメーカーが「新しいおうちづくりフェア開催中 5月31日まで」というTwitter広告を出しても無視されます。

でも、その広告画像に小さく写り込んでいる、奥に座っていて顔もはっきり見えないぐらいの女性が、実は大女優だった。

そういう広告を、「**女優のむだづかい**」という切り口で広告展開しても面白いかもしれません。

私自身、こうして例を書いていて大丈夫だろうかと不安しかありませんが、この「炎上」と「バズ」の境界線を攻める感じ、なんとなくおわかりいただけるでしょうか？

ただ、これはかなりセンスが必要だと思います。

Twitter に慣れている人でなければ、Twitter 広告には手を出さないほうがいいというのが私の考え。普通の広告を出しても反応がないし、かといって炎上ギリギリを狙って失敗すると大変です。

これは広告ではありませんが、2021 年 2 月に Twitter でバズったカップヌードル公式の投稿。

午前11:30・2021年2月9日

♡ 1.4万　　💬 106　　⬆ このツイートを共有

カップヌードルのなかに入っている肉を「謎肉」と呼んでいたのは Twitter ユーザーたちです。それを、メーカー自らが「謎肉」といい、それを使ってマンガに出てくるような骨つき肉をつくったというのですから、ウケました。Twitter はこういうのが面白がられる場所なのです。

コンサルタントの限界

カップヌードルやマクドナルドのように、そもそも認知度が高い商品は Twitter 広告を普通にやってもそこそこ反応はあるでしょう。映画なんかもそうです。

しかし、そうでなければ Twitter は、「バズる」と「炎上」、「バズる」と「スベる」の境界線に近づいていくことのできるセンスが必要で、このセンスがある人は、残念ながら私に相談してきません。

「Twitter はこういう境界線がわかる人にはおすすめ」という話をしたときに、「あー、はいはい」という反応の人なら OK。

でも「どういうことですか？」「で、何を投稿したらいいんですか？」という人には、「まず Twitter をよくいじってみてください。広告はそれから」という話をします。

ですから、正直なところ、クライアントには Twitter 広告を基本的におすすめしていません。

私のようなマーケティング・コンサルタントのところには、Twitter 広告でうまくやれる人は相談しに来ないので、事例も

たまらない……。

これは「マーケティング・コンサルタントの限界」というやつです。

Twitter広告を見て分析をすることはできますが、ちょっと特殊なんですね。堅実に成果を出したいクライアントさんたちには、別の方法をおすすめしています。

日々、成功事例も変化している世界なので、本書をお読みの方で、「こんな成功事例がある！」という方はぜひ教えていただきたいぐらいです。

いまLINE広告がもっとも活きるのは「〇〇型ビジネス」

いっぽう、LINE広告はユーザー属性にかたよりがなく、あらゆる業種におすすめできる広告です。

幅広い年齢の人が日常的に使っているLINEのなかに、広告を表示させることができるのです。

広告が表示される場所はいくつかありますが、一般的なのは「トークリスト」と「ニュース」です。

「トークリスト」の広告スペース自体は小さいですが、ユーザーがもっとも見るところであり、うまく使うと効果は大きいです。「ニュース」では、一般的なディスプレイ広告のように、ビジュアルを大きめに使ってアピールできます。

● 【公式】LINE広告とは

https://www.linebiz.com/jp/column/technique/20191024/

トークリストの広告は
ユーザーがもっとも
見る部分

LINE ユーザーに
合わせた
ビジュアル重視の広告

（画像「【公式】LINE 広告とは」より）

LINE 広告は、次の 2 つの種類で考え方が変わります。

> 1. 通販会社などのように、地域を絞らずに出す広告
> 2. 店舗など地域密着型の広告

　全国展開している場合は、これまで説明してきた広告のやり方と同じです。とくに LINE だからといって変更する部分はなく、基本的に Google のディスプレイ広告や Facebook 広告と同じものを LINE にも配信する、といった考え方で大丈夫です。

　こちらもちゃんと効果が出ます。

　ただ、いま LINE 広告の効果が最大限に活かせるのは **「地域密着型」** のほう。ハウスメーカー、美容院などです。

　地域密着型の場合のコツは、**「ローカルな言葉」** を入れること。地元民しか知らないような、地元民にとっては見慣れた文字を入れるのです。すると、「えっ、なぜこんなところに」と目が引き寄せられる。無視できず、クリックしてしまう。

　いまのところ、これだけです（いまは、まだこの方法が通用しますが、時間の問題かもしれません）。

　毎日見ている LINE の画面だからこそ、そこに広告があっても普通は「見えていない」状態です。広告の存在なんてまったく意識していません。それなのに、見慣れた文字があると「えっ」と 2 度見しちゃうのです。

　地域名を入れるなら、なるべく狭めます。

　千葉県市川市なら、「市川の〜」ではなくて、さらに狭い「宮久保地区」にする。

宮久保地区・新築住宅見学会
〜アウトドア好きなご夫婦が建てた家〜
7月31日（土）

　こんな感じの広告です。

　ランドマークとなる場所があるなら、その名前を入れます。印象的な写真があるなら写真を入れるのもいいでしょう。

桃井原っぱ公園ちかくの美容室
ご新規様に、もれなくプレゼントあり！

　桃井原っぱ公園は杉並区のある地域にある公園。桃井原っぱ公園を知っている人なら思わずクリックしてしまいます。

　この広告をクリックすると、ランディングページに飛びます。そのランディングページに、プレゼントの内容が書いてあり、すぐに予約できるようになっている。こういった導線がつくられていれば、かなり効果が高いはずです。

　おそらく今後はLINE広告に参入する企業が増えていき、激戦になっていくと思いますが、いまのところはこのコツを使ってやれば効果が出やすいです。簡単です。

LINE広告が使えない業種も。厳しいガイドライン

LINE広告は規制が厳しめです。

エステはダメ、マッチングサイトはダメ、情報商材はダメ。ペットショップもクリニックも整骨院もダメ……。そもそも広告掲載をしてくれません。

「LINE広告審査ガイドライン」をチェックしてみてください。

- https://www.linebiz.com/jp/service/line-ads/guideline/

- ・宗教関連
- ・ギャンブル関連、パチンコ等（公営競技・公営くじは除く）
- ・アダルト関連
- ・出会い系、マッチングサイト等（一部当社が認めた場合を除く）
- ・連鎖販売取引
- ・探偵業
- ・たばこ、電子タバコ
- ・武器全般、毒物劇物
- ・政党
- ・公益法人、NPO/NGO、社団法人（一部当社が認めた場合を除く）
- ・生体販売
- ・整骨院、接骨院、鍼灸院等
- ・未承認医薬品・医療機器等
- ・消費者金融などの貸金業、質屋（一部当社が認めた場合を除く）
- ・ネット関連ビジネス（情報商材、自己啓発セミナー等）
- ・募金、寄付、クラウドファンディング等の資金調達（一部当社が認めた場合を除く）
- ・その他弊社が不適合と判断した業種・業態、商品・サービス

> これからますます厳しくなる広告審査ガイドライン

広告の表現にもいろいろ規制があります。薬事法に関するものはもちろん、「ニキビがあるとモテないよ」といったネガティブ広告なんかも規制されます。

あれこれ厳しいLINE広告ですが、いまのところ地域密着型ビジネスは規制外。だからすごいチャンスなんです。

規制が厳しくて参入障壁があるいま、地域の人しかわからないような言葉を使いながら広告を出すのです。これがもっとも効果が出やすいLINE広告です。

ただ、これも時間の問題ではあります。規制も多少ゆるくなっていくでしょうし、大手がどんどん参入してくると広告費が上がります。すると、地域密着型ビジネスは広告費の元が取りにくくなってくるかもしれません。

広告は明確にクリックしない人をつくれ

広告をつくるときのポイントをもう1つつけ加えておきましょう。

これはLINE広告に限った話ではないですが、「明確にクリックしない人がいる広告をつくる」のは大事です。

宮久保地区・新築住宅見学会
〜アウトドア好きなご夫婦が建てた家〜

という広告なら、この地区名を知らない人はクリックしないし、「アウトドア好き」でない人はターゲットでないことがわ

かります。しっかりターゲットを絞っているから、クリックもされるし、その後もコンバージョンします。

「あわよくば万人に」というのが透けて見える広告は、まずうまくいっていません。

たとえば「売りたい！ 買いたい！ リサイクルなら〇〇」なんていう広告はスベります。誰の目にも飛び込んできません。全国民に向けた広告がうまくいくのは、もっとも有名な2社までです。

リサイクルショップなら、ブックオフ、セカンドストリートならこういう広告でもいいけれど、それ以外は無理です。

LINE広告はユーザーの範囲が広いので万人にいけるといいましたが、広告自体はしっかりターゲットを絞る必要があります。そこを勘違いしないようにしてください。

YouTube広告のキモはこれだ！ 勝手にコンサルティングで成功の秘訣を紹介

いまやYouTubeはテレビに匹敵するくらいのメディアであり、テレビよりYouTubeを見ている時間のほうが長いという人はめずらしくありません。

YouTube動画を見ていると、テレビCMのように、大手企業の広告動画が流れますね。とくに再生回数の多い動画にCMが挟み込まれています。

これを見ると、「そうか、**再生回数の多い人気動画に広告を出せば効果があるんだ**」と思ってしまうかもしれません。

残念ながら、これは勘違いです。

　大企業がコマーシャルを出しているのは、彼らのビジネスモデルがそういう前提で組み立てられているからです。また、テレビの感覚と同じで、大金を使って知名度・新商品を広めていこうとしているだけです。

　たとえば、コカ・コーラ社は直販していません。コンビニなどが売ってくれているのですが、コンビニはコカ・コーラの宣伝はしてくれません。だからメーカーとして広告を出し、**小売店の店頭で買ってもらえるように宣伝している**のです。

　地元の学習塾が宣伝をするのは、自社の増客をしたいからであり、そのあたりを一緒にしてはいけません。

　中小企業が大企業をマネしたら、とてもやっていけません。もっとしっかり、狙っていく必要があります。

　YouTube 広告を大きく分けると「**動画広告**」と「**画像広告**」の２種類。それぞれにいくつかタイプがあります。

■ 動画広告
・ スキップ可能な動画広告（５秒再生後、スキップすることができる）
・ スキップ不可の動画広告（15 秒間の動画広告が流れる）
・ バンパー広告（スキップできない最長６秒の動画広告）

　スキップ可能な動画広告の例（自作パソコンの情報チャンネル「吉田製作所」の再生回数 53 万回超の動画に表示された、コカ・コーラ、次ページ参照）

　ターゲティングは、Google 広告と基本的に同じで、地域や年齢、使用デバイスなどで選ぶことができます。

　それから、重要なのは「キーワード」です。

　動画には「キーワードタグ」がつけられていて、検索できるようになっています。このキーワードを使って、関連の動画に

広告を出すことができます。

　YouTube 広告を出稿するには、

　● **YouTube Ads**

　https://www.youtube.com/intl/ja/ads/

どの動画に広告を出すか？
YouTube 動画の情報を丸裸にする方法

　最初にお話ししたように、再生回数の多い動画に広告を出せ
ばいい、というものではありません。コカ・コーラのような大
企業ならいいでしょうが、中小企業がそんなことをしたらコス
トばかりかかって、失敗します。

　なるべく厳密に、商品に関連した動画に広告を出す必要があ
ります。

たとえば、「クルマ買う系チャンネル『ワンソク Tube』」
は、車を買いたいと思っている人が情報を得るために見る
YouTube チャンネルで、登録者が 18.1 万人います（7 月 21 日
現在）。

クルマ買う系チャンネル「ワンソク
Tube」 ✓
チャンネル登録者数 16.8万人

このチャンネルの動画に、「中古車販売」の広告を出します。

　これならいいでしょう。
　ここに学習塾の広告を出してもダメです。邪魔だと思われる
だけ。
　YouTube はテレビと違って、視聴者が能動的に情報を得よう
として見ています。なんとなくつけっぱなしというのではなく、

「知りたいもの」「見たいもの」を積極的に取りにいっているのです。

　その状態のときに、コンテンツと関係ない広告を出しても意味がないと厳しく考えたほうが安全です。

　あなたの商品にドンピシャの動画に広告を出しましょう。重要になるのは、動画の「タグ」です。動画配信者は、動画にキーワードタグをつけています。このタグによって、視聴者が動画を検索できるようになっているし、コンテンツ同士の関連付けが行われています。

　そこで、それぞれの動画にどんなキーワードタグがつけられているか、一発でわかる方法があるのをご存じですか？

　Google Chromeの拡張機能で、YouTubeのタグが丸見えになるアプリがあります。Chromeウェブストアで「tag for youtube」と検索してみてください。

◉ Chrome ウェブストア

https://chrome.google.com/webstore/category/
extensions?hl=ja

　いくつかアプリが出てきますが、ここでは「vidIQ」を使ってみました。

◉ VidIQ　Vision for Youtube

https://chrome.google.com/webstore/detail/vidiq-vision-
for-youtube/pachckjkecffpdphbpmfolblodfkgbhl?hl=ja

この拡張機能を入れて、YouTube 動画を見るとタグなどの情報が丸見えになります。

　たとえば、フォレスト出版の YouTube チャンネルのなかにある、苫米地英人さんの動画（40万回再生）を見てみると、「苫米地英人」「脳機能学者」といったキーワードのほか「**洗脳**」「**トラウマ**」「**アファメーション**」などのキーワードタグがついていることがわかります（次ページ参照）。

　こういったタグをよく見て、広告とマッチする動画を探しましょう。

　ただ、ここまでわかっていれば、広告というよりふつうに動画をつくってしまったほうがいいのでは、という気もします。

　再生回数の多い人気動画のタグを見て、それと同じようなタグで自分で動画をつくり、一定の条件が整えば「関連の動画」

として見てもらいやすいはずだからです。

　私のクライアントでも、YouTube広告で成果を出しているところは、YouTubeチャンネルもちゃんとあって、そちらの動画からのコンバージョンはもっといいのです。

YouTube広告のキモは、
ユーザーの「モードを崩さないこと」

　YouTube広告は、中小企業にとって難しい広告の１つです。

　それはテレビCMに近いからです。従来のテレビCMは、中小企業にとっては料金の高さと、映像制作のノウハウがない

ことから手を出しにくいものでした。いま YouTube 広告は、広告費にお金をかけられる大企業が多く参入しています。映像自体にもお金をかけています。

　中小企業はそれができないから、CM 以外の方法で広告を出そうとしているわけですよね。
「動画をつくる時間も人材もいないよ……」という人は、あえて YouTube 広告に手を出さなくてもいいと思います。

　ただ、ポイントさえ押さえれば、動画をつくらなくても YouTube に広告を出すことはできます。

　成功のポイントは、ユーザーの「モードを崩さないこと」です。

　YouTube を見ている人は、
　■見る、聞く
　■体験する
　■知る、学ぶ

といった意識、姿勢でパソコンやスマホに向かっています。これを崩さずに、うまく誘導するのがコツ。「体験するモード」の人に、別のことをやらせようとしても難しいのです。

　たとえば、クイズの YouTube 番組に、リアル脱出ゲームのオーバーレイ広告を出すとします。動画と広告の関連性はバッチリです。

　「リアル脱出・千葉　いまなら初体験の方に 50% OFF クーポン　いますぐクリック」

こんな広告を出しがちではないでしょうか。

クイズを解くという体験をしたい人に向けての広告なので、悪くはありません。ただ、「いまクイズを解きたい」モードの人に、「いますぐクリックしてランディングページにきて申し込んでください」というのは、ちょっと無理があるのも事実です。「いまクイズやっているのに、うるさいなぁ」と思われてしまいます。

ですから、ひと工夫が必要です。

> 「リアル脱出・千葉　いまなら初体験の方に 50% OFF クーポン。　あなたは解けるか？ いますぐクリックして1分チャレンジ！」

こんなふうに、クイズを解く体験に誘導するのです。

ランディングページのなかに体験版のクイズがあり、それを解いて楽しめるようになっていると、クリックされるでしょう。

学習塾が「中学受験」に関連する動画に広告を出すなら、こんな工夫です。

> 「○○学習塾　頭のいい子のノートの取り方を実況中継！いますぐチェック」

ノートの取り方の実況中継は、動画をつくるのが大変だったら、画像とテキストでいいのです。こういった広告なら、動画をつくらずに YouTube 広告を出すことができます。

繰り返しますが、ポイントはユーザーの「モードを崩さない

こと」です。

中学受験に関する、再生回数の多い動画に「○○学習塾　入会金ゼロキャンペーン中」といった広告を出したところで「ウザイ」「邪魔」と思われるのがオチ。中学受験に向けたいい情報を知りたいモードのユーザーには、**「いい情報を見せますよ」と伝える必要がある**のです。

YouTube 動画を勝手にコンサルティング 「NURO 光」

YouTube 動画をいくつか見ていると、光回線インターネット「NURO 光」の広告動画が頻繁に流れました。

これは私が以前、光回線について検索していて NURO 光のページを見たことがあったので、リマーケティング広告の仕組みで表示されているのです。

リマーケティング広告（リターゲティング広告とも呼ぶ）とは、**一度サイトを訪れた人に対して再アプローチをするという広告**のやり方です。

サイトにリマーケティング用のタグを入れておくことで、ユーザーに Cookie（一時的にデータを保存しておく仕組み）を付与し、それにもとづいて別のサイトでも広告を表示できます。

この仕組みを使っているから、動画の内容とまったく関係なく、NURO 光の動画広告が流れたわけです。

リマーケティング広告自体はいいのですが、YouTube 広告

を出すなら、もうひと工夫ほしいところ。

　私が見た YouTube 広告は、ランディングページの内容をた
だ動画にしただけ、というものでした（スピード感のある映像
に、「速い速い」「１年間ずーっと 980 円／月」といったコピー
を載せているだけ）。

　動くものを見たいモードの私にとって、「単に広告を動かし
ただけ」のものは興味の対象外。それより、

「NURO 光にしたら、YouTube 動画はどれだけスムーズに見
られるのか」
「インターネット速度テストにどれだけの違いがあったのか」

　という動画広告なら、興味を持ちます。YouTube ならではの、
面白い動画ですよね。そういった広告ならクリックするのです。

広告に適した
YouTube動画のタイプとは？

　ユーザーの「モードを崩さない」というコツは、ほかの広告でも一貫してお伝えしている「文脈」にも通じるものです。

　どのような媒体であれ、ユーザーがどういう意図で見ているのかが大事。文脈を無視した広告はうまくいきません。そういう意味で、勝手にコンサルティングさせてもらいましたが、正直なところYouTube広告は、**まだまだノウハウが確立されていない**と感じます。

　今後、YouTube動画と広告の流れはどうなっていくのか、ちょっと考えてみましょう。

　YouTube動画は、**「表現系」** と **「情報系」** の2つに分けることができます。

「表現系」は従来のユーチューバーがやっているタイプのもので、ヒカキンのチャンネルや **「やってみた系」** などがそうです。ユーザーは、動画に「表現の価値」を感じて見にきています。

　いっぽう、「情報系」は、見た目の派手さ、面白さはあまりないけれど、情報として価値があるというタイプの動画です。

　人物は登場せず（声のみ、手のみなど）、たとえば **「地盤液状化の実験」** を見せたり、資格試験の解説をしていたりといった動画です。

　これまでは、「表現系」のYouTubeがスターとして注目さ

れてきました。しかし、今後は「情報系」にどんどん光が当たっていくでしょう(すでにその傾向にあります)。

芸人・タレントさんなど、もともと表現系プロがどんどんYouTubeに参入してきていますから、プロの表現に勝てない表現系ユーチューバーたちは淘汰されます。

そして、「**表現系**」と「**情報系**」のハイブリッド型もどんどん出てきています。

ハイブリッド型を、より表現に近い「エンタメ系」と、情報発信者に依存している「(情報発信者にファンがつく)専門家系」に分けてみると、以下のように整理できます。

1. 表現系
2. ハイブリッド・エンタメ系
3. ハイブリッド・専門家系
4. 情報系

「ハイブリッド・エンタメ系」は「中田敦彦のYouTube大学」などがそうですね。「ハイブリッド・専門家系」は、フォレスト出版から『自宅学習の強化書』を出版している葉一さんの「とある男が授業をしてみた」などが該当するでしょう。

表現系だけではなく、どのタイプも再生回数が多い動画はあります。広告に適しているのは、「**3. ハイブリッド・専門家系**」と「**4. 情報系**」です。

「1. 表現系」動画を楽しんでいるユーザーにとっては、「いい情報がありますよ」という広告も邪魔だからです。

表現系でバズっている動画に広告を出せば見てもらえる、と考えるのではなく、情報を得ようとしているユーザーに、いい情報を知らせるような広告を考えてみてください。

YouTubeのタイアップ広告

タイアップ広告についてもつけ加えておきましょう。

タイアップ広告とは、**メディアと協力して広告コンテンツをつくって配信する**ことです。

YouTubeの場合、ユーチューバーに番組のなかで商品を紹介してもらうといった広告ですね。もちろんコンテンツのつくり方によりますが、一般的に効果が高いです。

広告費はそれなりにかかります。チャンネル登録者数10万人につき20万円くらいが相場ではないでしょうか（本当に目安で、相場はあってないようなものですが）。

チャンネル登録者数10万人、20万人くらいのユーチューバーなら、TwitterなどSNSを通じて直接メッセージでお願いすれば、受けてくれることもあります。

「所属事務所を通してください」と言われたら、そのようにすればいいので、まずはメッセージしてみてはどうでしょうか。

社会のビッグトレンドを知って、
ネットマーケティングの醍醐味を味わう

まとめとして、ネットマーケティングの面白さと、認識して

おきたいビッグトレンドについてお話ししたいと思います。

次々に出てくるツールや、広告手法に踊らされるのではなく、社会全体としてのトレンドとネットマーケティングを重ね合わせて考えることが重要です。

ツールや手法の知識だけあっても、それをうまく使えなければ意味がありません。

うまく使っていくには、時代の変化、社会のトレンドにも敏感である必要があるのです。

ネットマーケティングの最先端は、どこで行われているか？

まず、社会全体の話です。

時代の変化とともに、「法人から個人へ」という動きが存在しています。

わかりやすい例でいえば、昔はファクスといえば法人のものでした。それが個人へも広がっていき、家庭で使いやすいように変化していきました。

ビジネスホンも同じような動きで、もともと法人用のものだったのが、家庭での「親機・子機」が普通に使われるようになり、いまではビジネスホンなどという概念が消えつつあります。

高圧水洗浄機も、法人が建設現場でしか使っていなかったものが、一般家庭で使われるようになっていきました。

こういった動きはあちこちで見られます。

ネットマーケティングも例外でなく、「法人から個人へ」のトレンドのなかにあります。

「商品を売る」という行為も、もともとは法人のものでした。それが、インターネットの発展と、メルカリなどフリマアプリの浸透によって、誰もが「売る」ことができるようになっています。**「売る喜び・楽しさ・やりがい」が個人に開放された**と言ってもいいでしょう。

モノを買ってもらうのは楽しいものです。自分が気に入っているものを人にも気に入ってもらえて、仲間ができた気がするうれしさ。好みや価値観が似た人から注文が入り、感謝をされるのは「自分自身の好み」を褒めてもらえた気がする喜びがあります。

よりよく売るために、工夫をする楽しさ・やりがいもあります。メルカリで中古品を売るにしても、写真を工夫したり説明文を工夫したりすると早く高く売れます。この楽しさにハマっている人も多いことでしょう。

この「売る行為」の「法人から個人へ」という動きは、コロナ禍で加速したように思います。

個人が好きなものを売るという商売なら、ニッチマーケットどころか**ナノマーケット**とでも言うべき、ごく小さなマーケットでも成立します。

たとえばBMWのラグジュアリー・クーペモデル、「E24 635CSI」の中古パーツ専門通信販売店とかの超マニアックなお店であっても、個人なら成立してしまうのです。

大企業がこれのみをターゲットとするには厳しいでしょうが、心底「E24 635CSI」が好きな個人で、本業がサラリーマ

ンであれば、副業レベルならばできちゃうのです。

ヤフオクやメルカリで月5万円を稼いでいるという人は、そもそもビジネス存続のハードルがすごく低いです。「毎月いくら以上の利益を出さないとビジネスとして成り立たない」という条件が、ないに等しい。「楽しいからやっている」「面白いからやっている」と言って、普通の法人では不可能な採算レベルが可能なのです。

中小企業からすると、これは脅威です。

ネットマーケティングに、資金のある大企業は大企業で参入してくるし、採算度外視の個人もやっているし……という、この狭間で戦っていかなければならないからです。

ただ、いえるのは、ネットマーケティングの最先端は、「**個人が好きでやっているナノマーケットビジネス**」のほうにあり、**学べることがある**ということです。

ネットの広告表現は、何を意識すべきか？

同じことが「表現」にも言えます。

昔は表現といえば、テレビ局やラジオ局、作家など特別な人のものでした。でも、YouTube、Voicy、note などで個人が表現できるようになっています。

テレビは万人向けの映像をつくる必要があるのに対し、YouTube はナノマーケット向けがウケます。

たとえば、**しらす愛好家のための「しらすチャンネル」**なんていうものがあったとして、これはテレビでは無理ですが

YouTube なら成立します。

　ネットマーケティングについて考えるとき、このビッグトレンドを認識しておくことが重要だと思います。広告表現にしても、マスマーケット向けに考えるのではなく、**よりニッチマーケット、ナノマーケット向けを意識した表現にしたほうがよい**からです。

　たとえば、地元のミニコミ誌に広告を出すなら「ペット愛好家向けの住宅」という広告で OK ですが、ネット上の広告なら「豆柴と暮らす家　現場見学会」「ミニチュアダックスと暮らす家　現場見学会」のようにもっと細分化したほうがいいということです。今後はこういう流れが強くなっていくはずです。

勝手にコンサル……ではなく、絶賛。
私がうなった中小企業の最先端

　いまお話ししたようなビッグトレンドに乗っているという意味で、ネットマーケティングの最先端をいっている中小企業を勝手に紹介したいと思います。

　まず、こちらをご覧ください（次ページ参照）。

　歯科医院の、院内感染防止ポリ袋というかなりニッチな商品を扱ったサイトですね。

　運営しているのは包装資材メーカーの**「豊ファインパック」**さん（https://www.finepack.co.jp/）。

　コーポレートサイトを見ると、さまざまな包装資材を扱っていることがわかります。

◉院内感染防止ポリ袋.jp（http://www.dentalpack.jp/）

◉肥料袋.com（http://www.hiryo-pack.com/）

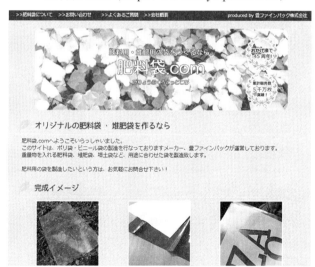

私は以前こちらで肥料袋を購入したことがあります。豊ファインパックさんは、肥料袋専門のサイトも運営しているのです。

　肥料袋が欲しいけれど、Amazon などのショッピングサイト内で見てもどれを買っていいかよくわからないといったとき、やはり Google 検索をします。すると、ちょうどいいサイトが出てくるわけです。

　結局、ここで肥料袋を買って、とても満足した記憶があります。

　歯科医院で院内感染を防止するためのポリ袋が欲しいと思った人も、検索してドンピシャなものが出てくれば、ここから買うでしょう。情報もたくさん載っていて、知りたいことがわかるサイトです。

　コーポレートサイトに商品をただ並べているのではなく、複数のサイトを運営している豊ファインパックさんはとても賢いと思います。このやり方は、ニッチマーケットでも「好きだからやっている個人」に近いものがあります。

　それから、収納ボックス、オーダーボックスの「パスコ（PASCO）」さん。たとえば、紙製のトランクをオーダーメイドできるのですが、それってかなりニッチですよね。こだわりのある人が、オーダーするのでしょう。運営している会社は「商店劇場」さん（https://www.shotengekijo.co.jp/）。

　この会社はもう1つ、「木樽倶楽部」というサイトもあります。こちらも豊ファインさん同様、「パスコ」と「木樽倶楽部」というサイトを別々に運営しているのです。

◎ PASCO （https://pasco.shotengekijo.co.jp/index.html）

◎ 木樽倶楽部 （https://www.shotengekijo.co.jp/kidaru/）

オーダーメイドの木樽ですよ？　これまた、どれだけ木樽にこだわっているのでしょうか。

　木樽がこんなに好きなサイトは見たことがありません。実際にサイトを見ると、樽の使い方や製造過程なども載っています。好きな人は絶対、ここで買うでしょう。私は紙製トランクのオーダーメイドと、木樽のオーダーメイドを見てうなってしまいました。

　法人から個人へというトレンドの中では、「好きでやっている個人」が脅威になりますが、中小企業もこういったことができるのです。

　SNS広告のやり方などを勉強するのも大事ですが、大きくトレンドを押さえて、「それじゃあ、どうやっていくか？」と考えるのはもっと大事なのです。

　最後に。ネット上で個人が活躍しているのを見ると、あらためて「**売る楽しさ**」「**表現する楽しさ**」「**マーケティングの楽しさ**」を思い知らされます。

　ネットマーケティングの醍醐味を感じつつ、頑張っていきましょう。

おわりに

　この本は、2020年から2021年にかけてのコロナ禍に、偶然生まれました。

　世の中のビジネスは、新型コロナウイルス感染症のまん延を防止するための人の流れの抑制と、経済活動のための人間の活動という正反対の力が働いています。

　それでも人々は、なんとかして経済活動を続け、ビジネスを存続・繁栄させようと工夫を重ねています。

　当然、誰とも直接会うことがないインターネットのなかの通信手段・媒体に、注目が集まります。

　だからこそ、「インターネット・マーケティング」についての入門的な情報を配信しようと、フォレスト出版の編集者と経営コンサルタントが協力して、儲けのないnoteでの連載をスタートしたのです。

　つまり本書は、2021年にインターネットの文章配信プラットフォーム「note（運営：note株式会社）」で連載された記事をほぼ原文としています。

　連載を終えてみれば、その文章量は、1冊にまとめることができる分量になっていました。

　本来、インターネット・マーケティングといっても、その専門分野の領域は広く、専門性も非常に高度です。

「Facebook の広告」という 1 つの分野を切り取ったとしても、本来は非常に専門性が高いために、それだけでも本 1 冊以上のノウハウ・知識・事例などがあるはずです。

でもこの本は、「会社からの辞令で、急にネットマーケ担当になってしまった」という初心者にもできるだけわかるようにという目的で書かれています。

だから、狭く深くではなく、広く浅く書かれています。

私がマーケティング・コンサルタントになろうかと考えていた 2000 年頃には、ホームページを持っている企業のほうが少なかったと記憶しています。

たった 20 年で、マーケティングツールの進化は恐ろしいほどに様変わりしてしまいました。

動画は、VHS ビデオテープからクラウド保管。ファクスで送っていた見積書は、電子メールに PDF ファイルを添付。「ご無沙汰しています」ということを伝えるために、東京まで新幹線に乗って 2 時間かけていたのが、いまは Skype や Zoomで、「あっ、どうもご無沙汰です」と移動時間ゼロ。

でも、人の消費心理だけは変化していません。

人は情報を集め、比較し、判断して、購買を決定します。

企業が何かを購入するときは、購入者、査定者、使用者、決定者などの利害関係者がみな OK をしなければ成約できません。

たしかに、マーケティングはインターネットによって恐ろし

いほどの様変わりをしていますが、何も変わっていない部分も存在しています。

本書においては、そうした「変わっていない部分がどこなのか？」「ネットマーケティングのどの部分から優先順位を決めて実践すべきか？」など、インターネットを入り口にして、マーケティングの基本や面白さ、楽しさなどに触れるきっかけになり、ビジネスのヒントを与えることになれば望外の喜びです。

今回、フォレスト出版の1冊に加えていただけることになったのは、編集部の稲川智士氏のお力によります。彼とも20年来の知友です。

本書の編集実務にあたり、的確にまとめていただけて、心から深く感謝を申し上げます。

最後に、こうして本書を手に取って読んでいただける読者のみな様こそ、一番の感謝をお伝えいたします。

いつも、本当にありがとうございます。

〈著者プロフィール〉

佐藤昌弘（さとう・まさひろ）

◎経営コンサルタント、研修講師、作家。株式会社マーケティング・トルネード代表取締役。京都大学経営管理大学院元講師、岐阜大学大学院元非常勤講師。

◎1968年生まれ。愛知県出身。京都大学工学部卒。大手都市ガス会社に勤務後、住宅リフォーム会社を創業。3年で年商3億円まで成長後にバイアウト。2002年、株式会社マーケティング・トルネードを設立。月商数万円の個人事業主から年商1兆円超の一部上場企業まで、累計5000件以上のコンサルティングを行う。心理学を応用した独自の営業トーク研修やセールスコピーライティングのスキル・アドバイスにも定評があるほか、マネジメント・人材育成・ブランディング形成など、広範囲にわたって国内外の企業活動支援を行っている。

◎また、講演・執筆による活動も精力的に行う。著書にベストセラーとなった『凡人が最強営業マンに変わる魔法のセールストーク』『最高の営業デビュー』（以上、日本実業出版社）ほか多数、監訳に『シュガーマンのマーケティング30の法則』（フォレスト出版）がある。

◆マーケティング・トルネードHP：https://www.marketingtornado.co.jp/

◆Facebook：https://www.facebook.com/sato.masahiro.9

〈装丁〉竹内雄二
〈DTP・図版作成〉沖浦康彦
〈編集協力〉小川晶子（さむらいコピーライティング）

ネットに詳しいだけでネットマーケ担当者になってしまった人が本気でマーケターを目指す本

2021年9月5日　　初版発行

著　者　　佐藤昌弘
発行者　　太田　宏
発行所　　フォレスト出版株式会社
　　　　　〒162-0824 東京都新宿区揚場町2-18　白宝ビル5F
　　　　　電話　03-5229-5750（営業）
　　　　　　　　03-5229-5757（編集）
　　　　　URL　http://www.forestpub.co.jp

印刷・製本　萩原印刷株式会社

ネットに詳しいだけで
ネットマーケ担当者になってしまった人が
本気でマーケターを目指す本

読者無料プレゼント

業績アップの
ベルトコンベアー

● PDF & 動画ファイル ●

本書のマーケティングのプロセス設計をベルトコンベアーの
ように完成させ、それをひと目でチェックできるシートと、
効果的な使い方の解説をプレゼントいたします。
一連のマーケティングを初心者（ネットマーケ担当になって
しまった人）から、実際にマーケティング業を行っている人
まで、あなたの会社の業績アップにお役立てください。

この無料プレゼントを手にするには
こちらへアクセスしてください
↓

http://frstp.jp/marketer

※無料プレゼントは、ウェブサイト上で公開するものであり、冊子や CD・DVD などを
お送りするものではありません。
※上記無料プレゼントのご提供は予告なく終了となる場合がございます。あらかじめ
ご了承ください。